稻菽耕耘

——全国劳动模范、湘潭泉塘子农技站站长李罗斌纪实

周韶光　著

中国农业出版社

北　京

图书在版编目（CIP）数据

稻菽耕耘：全国劳动模范、湘潭泉塘子农技站站长李罗斌纪实 / 周韶光著. —北京：中国农业出版社，2022.4

ISBN 978-7-109-29368-7

Ⅰ.①稻… Ⅱ.①周… Ⅲ.①李罗斌－传记 Ⅳ.①K826.3

中国版本图书馆CIP数据核字（2022）第071513号

稻菽耕耘

DAOSHU GENGYUN

中国农业出版社出版

地址：北京市朝阳区麦子店街18号楼

邮编：100125

责任编辑：神翠翠　武旭峰　刘婉婷

责任校对：吴丽婷

印刷：北京通州皇家印刷厂

版次：2022年4月第1版

印次：2022年4月北京第1次印刷

发行：新华书店北京发行所

开本：700mm×1000mm　1/16

印张：8　插页：10

字数：120千字

定价：48.00元

作者简介

　　周韶光，男，1958 年 5 月出生，中共党员，大学学历。主要从事党委机关文稿写作和政策理论研究工作，曾任中共湘潭市委办公室副主任、市委副秘书长、市委政策研究室主任，湘潭市政协秘书长、党组成员、副主席。

序 一

　　罗斌同志很不错，能说会道，吃苦耐劳，担任基层农技站站长，几十年如一日，敬业爱岗，不愧为全国劳模。我俩因杂交水稻而结缘，久而久之，大家都亲切地称他"李劳模"，我也习惯地叫他"李劳模"，高兴起来，就直呼"劳模"。

　　相识 30 多年了。第一次见面是在 1985 年，湖南省政府在泉塘子办点，我和省农业厅等相关部门的负责同志到这里视察，我的目的是在这里试种早稻杂交"优威 49"，罗斌提出了双杂配套的栽培模式。他发扬工匠精神，精耕细作，当年就取得了很好的效果，亩产达到 800 多公斤，并受到朝鲜农业考察团的高度评价。从此以后，我对他刮目相看。

　　在推广杂交水稻，从三系到两系再到超级杂交稻的试验示范中，李罗斌都能很好地实现我的意图，且常有创新举措，都取得很好效果。全省的杂交水稻高产现场会差不多都以泉塘子为观摩现场，两届在长沙召开的"国际杂交水稻学术研讨会"的观摩现场也设在泉塘子。

1998 年，首届以我的名字冠名的"袁隆平农业科技奖"开评，我在名额有限的情况下，向评委推荐了一直战斗在第一线的李罗斌同志，他成功获奖。

　　2013 年 4 月 8 日，农业部部长韩长赋同志到三亚考察时，我向他介绍："他叫李罗斌，是一个处级基层农技站站长。"韩部长笑着回答："不错，农技站站长也可以提拔为处级干部，肯定成绩不小。"

　　澳大利亚科学家贝弗里奇有一句名言："最有成就的科学家都具有狂热者的热情。"我暂不去评价罗斌同志是不是科学家，但他追求自己看准的事业，真有一股狂热者的热情。

　　这次省农业农村厅和湘潭市一些同志筹划给他写一本书，请我作序，我满口答应："好啊，应该给劳模著书立说！"把劳模的精神和农业人的家国情怀写出来、传下去，对持续发展大国农业、为人民谋幸福的伟大事业大有好处。

中国工程院院士、"世界杂交水稻之父" 袁隆平

2020 年 8 月 8 日

序

　　我在湘潭市工作近30年，对这里的人民群众和山山水水情有独钟，对这里在社会主义革命和建设时期涌现出来的模范人物也特别关注，其中泉塘子农技站站长、全国劳动模范李罗斌同志就是一个鲜明的例子。

　　1990年3月11日，我作为省人大常委会主任到泉塘子考察后，了解到该站在农业技术推广上立足服务办实体，办好实体促服务，走自我武装、自我发展、自我完善的道路，取得了优异的成绩，很值得在全省推广。为此，我亲自向《湖南日报》撰写了《推荐一个乡农技服务站》的文章。我的想法是把我省农业战线这面旗帜高高举起，带动全省农业战线的同志们向先进看齐。这篇文章还在《湖南农业》杂志上全文转载。当年，泉塘子农技站被省人民政府评为"湖南省先进农业技术推广单位"。

　　为鼓励罗斌同志继续前行，我为他题写了"开拓进取"四个字，希望他要担当起大国粮仓的使命，就像隆平院士一样，不断追梦，不断探索，不断前进。

我和他的交往中，感受到的都是满满的正能量。他也经常和湘潭一些老同志来探望我，每次我都要询问他的身体和工作情况，即使他没来，我也时常牵挂，总要询问一下。他的年龄也不小了，能坚持在一线工作，很不容易。每当我听到他的新成绩、新荣誉，总真心为他高兴。所以每次到了湘潭，总要交代工作人员，挤点时间去泉塘子看看。

这次省农业农村厅为战斗在基层农技站 50 年的李罗斌写一本书名为《稻菽耕耘》的书，请我作序，我二话没说答应了。我认为应该写，而且要写好，写活，写真实，以激励后来人！

湖南省人大常委会原主任、湖南省政协原主席 刘夫生

2020 年 11 月 2 日

序

　　李罗斌是一位从普通农民中成长起来的享受国务院特殊津贴的专家，荣获"全国劳动模范"并当选为第七届全国人大代表。他从 20 世纪 70 年代初开始担任公社农科站、乡农技站站长，一直在这个岗位辛勤耕耘，2002 年退休后返聘继续担任农技站站长直至今天。五十多年来，他一直以农技站为家，以农业发展、粮食增产、农民增收为己任，在基层农业技术推广服务这个平凡的工作岗位上取得了极不平凡的业绩。

　　杂交水稻问世以来，泉塘子一直是杂交水稻最重要的试验示范基地，承担着三系杂交稻、两系杂交稻、超级杂交稻新组合大面积高产试验示范的任务，李罗斌对试验示范项目精心设计，亲自示范操作，不断创新栽培技术模式，创造了一个又一个高产纪录。袁隆平院士生前曾 39 次到该站试验示范基地考察，每次都给予了高度评价。每到水稻收获季节，省内外来该站试验示范基地参观学习的人络绎不绝，赞不绝口。我们也曾多次单独或陪同党和国家领导人、农业部和省委省政府领导同志到李罗斌主持的杂交水稻新品种试验示范基地参观考察，每次都有耳目一新的感觉。

李罗斌负责的泉塘子农技站，始终坚持以农民为中心的服务思想，根据农户需要，不断完善服务内容，改进服务方法，有效地提高了推广服务质量和效益，给农民带来了实实在在的好处。1993年3月19日，中共中央政治局常委、国务院副总理朱镕基同志到该站视察，在听取了李罗斌的汇报，并与当地农民交谈后，充分肯定了该站经验，并称赞"农技推广需要有更多的李罗斌"。中共湘潭市委调研组撰写的《优化农技服务机制 帮助农民进入市场》的调研报告被《求是》1994年第3期刊载。一个基层农技站创造的经验，能入选党的权威理论刊物，为我省有史以来第一次。

泉塘子农技站，是农业部（现农业农村部）、省委省政府多次表彰的先进单位，《人民日报》等各大媒体也做过大量的宣传报道，被誉为全国乡镇农技站的一面旗帜。值得一提的是，李罗斌退休18年来一直继续坚持战斗在农业技术推广服务第一线，取得了一个又一个新成果，被中国老科学技术工作者协会授予"中国老科学技术工作者协会奖"、湖南省老科学技术工作者协会授予"湖南省老年科技精英"称号。

　　总结推介李罗斌的先进事迹，为全省基层农业技术推广队伍树立学习榜样，是一件很有意义的事情。省农业农村厅和湘潭市农业农村局高度重视，湘潭市有关单位的多位老同志自告奋勇担任作者，为李罗斌出书。袁隆平院士和省人大常委会原主任刘夫生为该书作序。该书出版后，我们希望全省广大基层农业技术推广服务工作者能认真阅读，学习李罗斌五十多年如一日，始终坚持在农业生产第一线从事农业技术推广服务工作，初心写在大地上，汗水洒在田野中，脚踏实地，吃苦耐劳，无私奉献；学习李罗斌坚持科学严谨的工作作风，亲力亲为，不断探索创新，努力提高农业技术推广的质量和效益；学习李罗斌密切联系群众，注重培养提高农民自身学习和应用新技术的能力，既授人以鱼，也授人以渔；学习李罗斌坚持绿色发展理念，在推广服务工作中既注重社会效益和经济效益，也注重生态效益，着力保护改善农业生产环境；学习李罗斌长期坚持在实践中学习，刻苦钻研农业科学技术知识，不断提高自身的科学技术水平和实际操作技能。通过学习活动，使广大基层农业技术推广队伍中涌现更多的李罗斌式的模范人物，为促进乡村全面振兴做出新的更大贡献！

原湖南省农业厅党组书记、厅长

谭载阳　余英生　田家贵

2020 年 12 月 5 日

前言

　　泉塘子，原来是湖南省湘潭县一个普通的乡镇，后来因行政区划调整并入湘潭市雨湖区姜畬镇，泉塘子乡的名称没有了，泉塘子农技站的名称却至今保留了下来。因为这个农技站在农业科技推广中创造了不平凡的业绩，被誉为"农技推广战线上的一面旗帜"。

　　李罗斌，泉塘子农技站站长，从1971年起，在这里辛勤耕耘整整50年，把一生奉献给了农业科技推广事业。一个普通的农民，凭着对农业农村的深深热爱和对农业科技的不懈追求，成为高级农艺师、全国劳动模范、全国人大代表、享受国务院特殊津贴专家。

　　在那个农村条件艰苦的年代，人们都渴望进城，李罗斌也有很多次机会可以跳出"农门"，但他说，总在冥冥之中觉得，农村才是自己的根，农民吃不饱饭的日子时常浮现眼前，能够让农民多栽一丘禾，多打一担粮，自己就实现了人生的价值。

20世纪八九十年代到21世纪初，当乡镇农技站普遍面临"线断、网破、人散"困境时，李罗斌却以顽强的创新精神，把农技站办得风生水起。多位党和国家领导人前来视察，朱镕基总理曾说："希望有更多的李罗斌，还要有张罗斌、王罗斌！"

"我的压台戏在泉塘子！"这是"世界杂交水稻之父"袁隆平院士的话。袁隆平院士亲自题名授牌，将泉塘子农技站确立为"国家杂交水稻工程技术研究中心泉塘子中试示范基地"。他也曾先后39次到泉塘子指导杂交水稻示范推广，与李罗斌结下了深厚的友情。

当别人津津乐道于李罗斌的不平凡业绩时，我们应感动于他几十年深一脚浅一脚在泥水中的耕耘。当许多人颐养天年的时候，我们应感动于他近耄耋之年还在担任农技站站长。他说，农业和农民离不开科技，我离不开生我养我的农村。

"喜看稻菽千重浪，遍地英雄下夕烟"。李罗斌用其一生，把初心写在大地上，把汗水洒在田野中，是一个值得我们学习和尊敬的人。

目录

CONTENTS

稻菽

耕耘

第一章 ◇ 农民出身的农技站长

一、投身农业技术推广

20世纪70年代初，我国在"文革"初期一度瘫痪的基层农技推广机构开始恢复，四级农业科技推广体系兴起，县有农技推广中心，区有农技推广站，公社有农技服务站，大队有农技组。李罗斌就是在这个时候，走上了基层农技推广道路。

1971年，湘潭县泉塘子公社组建农业技术推广服务站，以"调工"方式，选调几名大队农技员进站工作。9月，栗子塘大队农技组组长李罗斌刚从县旱粮制种培训班结业，即被公社调入农技站。李罗斌从此与农技推广结下不解之缘，一干就是整整50年。

李罗斌出生于1942年11月25日，家庭世代为农。新中国成立前，李家以租种地主田地为生。新中国成立后实行土地改革，李家分得14亩*水田、30余亩山地和一口山塘。爷爷李丙彝读过几年私塾，写得一手漂亮的毛笔字，为人友善，信奉佛教，人称"七斋公"。父亲李立秋扶犁掌耙，砌墙打灶，蒸得酒，打得豆腐，做得南粉，盖得茅屋，办得酒席，是干乡下活的好把式。李罗斌在三兄弟中排行老大，从小跟着爷爷和父亲在田地里摸爬，体味了农业劳动的甘辛，也看到了饥荒年间人们挨饿的苦境。

爷爷李丙彝希望孙子们好好上学读书，每到晚上，爷爷就叫孙子们围

---

　　* 亩为非法定计量单位，1亩 ≈ 667平方米。——编者注

坐在煤油灯下，读启蒙读物，背诵古诗文。爷爷还以身作则，传授做人的道理。

李罗斌清楚地记得，每年青黄不接的时候，只要家里还有余粮，爷爷都会拿出来，分给缺粮的人家。

有一次饭后漱口，李罗斌把漱口水吐到地上，他的父母严厉呵斥道："漱口水不能吐在地上，要吐到潲水缸里"。爷爷给他解释说："你漱口水中还有许多饭渣，吐在地上就浪费了，吐在潲水缸里还能喂猪喂鱼，以后你要记住一定不要浪费粮食，糟蹋粮食是要遭雷打的。"

还有一次，对面邻居吵架，其中一人骂另一人为"绝代种"。这时爷爷把李罗斌叫到跟前，叫他背诵《增广贤文》，当背到"利刀割体疮犹合，恶语伤人恨不消"时，爷爷叫住他说："刚才他们扯皮，骂人家'绝代种'，这对人伤害很大。你长大后，一定记住待人要有礼貌，切不可恶语伤人。讲话要多站在对方的角度想一下，这样才能使人心服口服。"

那个年代读书升学不容易，初小升高小大约50%的升学率，高小升初中大约20%的升学率。李罗斌读书很争气，从1950年开始在桂花小学读初小，到湘潭县十完小读高小，再到湘潭县二中读初中，他都以优异成绩一路考取。

1958年下学期，李罗斌在湘潭县二中即将进入初三，突然接到县里的通知，让他到新创办的湘潭大学去读书。

原来，湘潭县委县政府为在毛主席家乡创办一所大学，经湖南省委批准，在原湘江煤矿旧址开办了湘潭大学，学生从全县优秀中学生中选拔。于是，李罗斌由一名在读初中生变成了"大学生"。

新办的湘潭大学设有钢铁、机械、畜牧、农学四个系，其中农学系开设两个班，李罗斌被分在农学系一班。

开学不久后的一天，毛主席幼年时的启蒙老师毛宇居先生来到学校，从北京带回了毛主席亲笔题写的"湘潭大学"校名手迹。在庆祝大会上，毛宇居兴奋地讲述了毛主席题写校名的过程，并向师生们展示了毛主席在宣纸上题写的两幅校名手迹。毛宇居说，毛主席写了两幅，在其中一张的右上角画了一个圈，可能是主席自己认为这张写得好一些，由此可见毛主席对办好湘潭大学的高度重视。毛宇居还介绍说，在北京请毛主席题写校名时，他转达湘潭县委县政府的请求，能不能请主席支援几位教授，毛主席说："世界上办第一所大学的时候，根本就没有教授。"

当时湘潭大学虽然没有教授，且所授课程基本上都是中专教材的内容，但教学还是抓得很认真的。农学系开设了栽培学、土壤学、农业化学等课程，李罗斌来自农村，自幼参加农业劳动，对这些农业知识有着天生的敏感和渴望，一切都觉得新鲜，一切都觉得有用。他怀着强烈的求知欲望，如饥似渴地投入到学习之中。

农学系系主任兼班主任名叫庞文韩，原是湖南省农委的专业技术干部，下放到湘潭大学任教。那个时候，各领域全盘学习苏联，农学、生物学更是将苏联的米丘林、李森科遗传学理论奉为圭臬，而庞文韩老师在课堂上也介绍孟德尔、摩尔根等人关于基因的遗传学理论。李罗斌虽然还不能真正认知这些理论的优劣真伪，但听在耳里，记在心上，为他后来注重良种试验推广、全身心地投入到袁隆平院士的杂交水稻推广事业，起到了启蒙的作用。

李罗斌学习了一年多后，湘潭大学暂时停办。他只得再考高中，进入湘潭县三中学习，由"大学生"又变成了高中生。

1962年6月，离高中毕业只差半个月的时候，家里突生变故，父亲李立秋因长时间饥饿，得了严重的水肿病，脚肿得连鞋子都穿不进去，躺在床上，骨瘦如柴，奄奄一息。爷爷年迈，母亲瘦弱，两个弟弟尚未成年，他们都无力挑起养家糊口的重担。李罗斌百感交集，只能痛下决心，暂缓学业。他赶回学校，写了休学申请书，打算待家里情况好转后再返校。

谁知休学最终变成辍学，20 岁的李罗斌从此告别了学生生涯。随着年龄增长，他打消了复学考大学的念头，全身心地充当起了家庭主心骨、顶梁柱的角色。

其后整整 7 年，是李罗斌的苦力岁月。在生产队出工，他背过犁，车过水，干着最苦最累的活。1963 年早稻遭遇大旱，为车水保粮，他连续47 天参加车水，每天一下车水架，浑身就轻飘飘的没了一点力气。即便如此，队上的年终分配还是不够全家老小的开支。

穷则思变。脑子灵活的李罗斌思忖着农闲时候出去搞点副业，多为家里赚些油盐钱。他到湘潭县公路段去挑沙子，90 公斤一担，肩膀皮都磨破了。他咬牙忍了下来，第一次领到 20 多元工钱，立即托人买了 2 元一斤的黑市米送回家。他到湘潭市郊区工程队去做小工，起早贪黑，每月能赚到 60 ～ 110 元。后来他见搞运输好赚钱，就买了一辆俗称"大盘车"的胶轮板车，干起了拖"大盘车"的苦力活。

李罗斌拖了两年多"大盘车"，足迹踏遍湘潭各地以及株洲、岳阳等地。辛勤的汗水，终于换来了家庭经济状况的改善。1969 年，李罗斌用积攒下来的苦力钱，把家里两间半老屋拆了，新建了一栋六间屋的平房。而在这个过程中，他增加了社会阅历，加深了对农业、农村、农民的感情，不断萌生着要为改变"三农"面貌尽心出力的念头。正是这种信念驱使，他在家里有了"新窝"之后，报名参加大队农科组。1969 年 7 月，经大队、公社研究，他被选调到大队农科组并担任组长，从此告别了

"大盘车"。

两年后的 1971 年 9 月，李罗斌被选拔进了泉塘子公社农技站。当时的待遇是不脱产的"吃背米干部"，除了每月 15 元生活补贴费，年终用公社划拨的调工工分到生产队参加分配。尽管待遇不高，但他十分珍惜这份工作。

泉塘子农技站刚刚组建不久，站里临时负责的是一位戴着"右派"帽子的县农业局下放干部，名叫熊坤棣。李罗斌虚心向熊坤棣讨教，遇到问题总是刨根究底问个清楚。熊坤棣也很喜欢这个年轻人，详细回答李罗斌提出的疑问，技术操作上更是手把手地教。很快，熊坤棣成为李罗斌的良师益友。

1971 年冬天，泉塘子公社举办植保员培训班，全公社 113 个生产队的 140 多名植保员参加。培训班要讲植保课，熊坤棣鼓励并推荐刚来 3 个多月的李罗斌讲授这堂课。这是李罗斌第一次走上农业技术推广讲台，他反复阅读教材资料，结合自己所见所思，认真备课。开课那天，他大方地走上讲台，一连讲了 3 堂课，有条不紊，有理有据，不时还来几句幽默比喻，课堂气氛十分活跃。

植保课讲完后，李罗斌走下讲台，熊坤棣迎上前去，握着他的手说："罗斌，你的课讲得不错，分析概括都很到位，讲得也很生动，祝贺你啊！"

1972 年底，熊坤棣因患严重的肝硬化腹水，需要治疗休养，便推荐李罗斌担任站长。就这样，李罗斌被公社党委任命为泉塘子公社农技站站长。

二、蹲点办队岁月

农村集体化时代，农村体制实行三级所有、队为基础，具有很强的行政职能。推广农业技术，也基本上靠行政手段。每个大队有农科组，一般由大队长兼任组长，每个生产队各配备了一名种子员和一名植保员，公社农技站则负责培训指导这些农科员、种子员和植保员，并根据季节和生产情况，及时发布生产技术指令和信息。

除此之外，农技站干部更多的时间是跟随公社书记下队办点，通过蹲点办队，树立样板，典型引路，指导全面。农技员被称为"绑在公社书记腿上的干部"，书记到哪里办点，农技员就跟着到哪里，驻守在哪里。他们办队的口号是："搬进去，住下来，不变样，不出来！"

1971 年冬至 1972 年冬，李罗斌第一次办队，是和熊坤棣一起，随一位公社党委副书记在尚泉大队高圫生产队蹲点，积累了初步经验。

1973 年初，已经担任农技站站长的李罗斌，随公社书记贺碧霖下到棋盘大队槽门生产队办点。这个队是泉塘子公社有名的一个"烂队"，李罗斌总结是"人冇饭吃、牛冇草吃、田冇肥施、队冇钱用，帽子打米——九冇十冇"。

李罗斌住到队上，走家串户，深入了解情况。他了解到，该队有 7 名党员，其中 3 名担任过大队支书，2 名担任过大队会计，1 名担任过大队妇女主任，一人一把号，各吹各的调，个个都是"狠角色"，互不买账。党员干部不团结，群众就散了心，生产长期搞不上去，有 7 户社员要靠吃"返销粮"过日子，就连队上的耕牛吃草都成问题。

贺碧霖和李罗斌分析情况后认为，槽门队致困的主要原因不在群众，而在党员和队委干部，改变落后面貌必须从整顿党员干部思想作风抓起。

办点工作组连续召开党员会议和队委会议，引导大家开展批评和自我批评，查找思想作风问题，制订纪律规定，镇住歪风邪气。李罗斌对大家说："我是公社党委派来长驻办点的，今后我的任务就是管住你们的嘴，不准讲不利于团结的话，盯住你们的腿，不准搞无组织无纪律的活动。大家要发挥模范带头作用，给社员群众做出个好样子。"

面对"烂队"，李罗斌不畏难，不气馁，带领队上干部群众，先解燃眉之急，稳定人心。他四处奔波打听，终于在邻近的塔岭公社泰交大队买到7车上等稻草，解决了队里"牛没草吃"问题。他跑公社和县粮食局，争取到"返销粮"指标，解决了人多劳力少的缺粮户"人没饭吃"问题。紧接着，他发动群众搞冬种，种了20亩小麦，第二年夏收小麦4 500多公斤，解决了全队社员青黄不接的缺粮问题。

到了1973年春耕春播时节，李罗斌暗下决心要把粮食生产搞上去，但困难和问题接踵而至。先是队上穷得叮当响，拿不出钱购买化肥农药，李罗斌只得去向贺碧霖汇报，请贺书记找农村信用社联系贷款，这才争取到了贷款指标。

买化肥农药的钱有了着落，李罗斌马上召集队委开会，他说：队上的农田普遍缺磷，必须施用磷肥才能增产。队委会商定去购买5吨磷肥，可是作出决定的第二天，生产队长王正坤后悔了，就说社员群众都不同意，担心花了钱不增产，白吃亏。

李罗斌知道农民最看重实际效果，最好的办法是让农民自己教育自己。他就自己掏钱，从生资站买了5公斤钙镁磷肥，用脸盆装了回来。队上有一丘叫"下十三亩"的大田，插秧的时候，李罗斌也来到大家中间，在秧苗根上沾点钙镁磷肥，一路过去插了几行。不到一个月，李罗斌插的这几行禾，比其他禾苗高出一大截。后来，禾穗也长，落色也好，在整个大丘形成了鹤立鸡群的效果，社员们这才懊悔当初没听李罗斌的话。

打这以后，习惯于传统耕作方式的农民明白了科学种田的好处，有事就问李罗斌。

这一年，槽门生产队社员在蹲点办队干部的帮助下，团结一心，科学种田，取得了早晚稻双丰收，两季增产稻谷4.3万多公斤，还清了贷款，一举摘掉了"人没饭吃"的落后帽子，全队上下喜气洋洋，大家纷纷称赞李罗斌是他们的"财神菩萨"。

1974年，公社党委看上了李罗斌的工作能力，同时也为了磨炼他，决定安排他一个人去棋盘大队李家生产队办点。

李罗斌来到李家队先做调查研究，很快就摸清了队上的情况。这个队的社员由张、许、赵三大姓氏构成，各大家族互不信任，闹不团结。但是，他也发现，队上有8位老人在各个姓氏家族中很有威望，发挥好这几位老人的作用，对开展工作至关重要。

于是，春节前后，他登门拜访这几位老人，与他们拉家常，聊生产，很快就取得了老人们的信任。几个老人家都表示要支持李罗斌的工作，让队上的生产打一个翻身仗。

李家队粮食产量不高，主要原因是良种比例不高。春耕到了，李罗斌四处奔波，找地区农科所，找省种子繁育中心，买来合适的良种，并请来专家现场指导。当年，李家队粮食产量就有了大幅提高。

为了提高生产队集体经济实力，李罗斌还多次跑公社，找领导软磨硬泡，让公社批了1 000元扶助款，给李家队买了一台手扶拖拉机。

蹲点办队一年，社员群众纷纷赞赏李罗斌干实事的精神和能力。公社还在李家队召开了全公社 113 个生产队队长参加的生产现场会，给初出茅庐的李罗斌极大鼓舞。

蹲点办队，虽日月同天，田土相似，但各个地方的实际情况并不尽相同，办好此队的经验在彼队很可能"水土不服"，不能全盘照搬。李罗斌说，在不同的队办点，总是如棋博弈局局新，需要把情况调查清楚，因地制宜，对症下药，找到最切合实际的新办法、好办法。办法总比困难多，只要用心用情去做工作，就没有克服不了的困难。

1975 年，李罗斌随公社书记贺碧霖、副书记抄正春，和农技站其他两人一起，到尚泉大队许家生产队办点。这同样是一个"差队"，本来田多人少，条件优于其他生产队，却人心不齐，生产总是搞不上去，每年只够半年粮，队上有 46 个单身汉找不到堂客*。

李罗斌一行来了之后，走访群众，发现致贫的一个重要原因是缺少一名合格的领路人。生产队长许健生，人品好，热情高，但是个半文盲，工作中缺主见，无计划，科学种田无从谈起。

针对这一情况，李罗斌便当起了"隐形队长"。他把队里的生产工作盘算好，隔个三五天就同队长许健生交流，种什么、怎么种，管什么、怎么管，一一交代清楚。他对许健生说："扯皮咬筋得罪人的事我去做，带头落实我交代的任务你负责！"李罗斌又找其他队委逐个谈话，仔细交代他们的职责，鼓励大家发挥主观能动性，支持队长工作。

为了凝聚人心，李罗斌经常召开社员大会。生产队开会一般是每户来一个主劳力参加，但因为李罗斌分析队上的情况很有见地，说话很有鼓动性，幽默风趣，来听的人越来越多，大家说："听李技师讲话，就像听唱戏一样。"这样，人心越拢越齐了。

---

* 堂客，地方方言，泛指妇女，此处指妻子。——编者注

半年过去，工作成效明显。1975 年早稻获得丰收，一季的产量相当于前一年两季的产量。群众喜笑颜开，有社员风趣地说："今后我们都愿意变成猴子，任李技师来耍。"李罗斌在许家生产队连续办队两年，改变了队上落后面貌，深得群众信赖。

在李罗斌蹲点办队生涯中，还有一段"地下办队"的经历。

那是 1978 年冬天，青亭大队新龙生产队队长曹长华找到李罗斌。这个新龙队也是一个生产搞不上去、社员口粮没保障的后进队，曹长华刚刚被选为生产队长，很有一股子工作热情，所以来请求李罗斌去他们队办点。

李罗斌有些为难，他告诉曹长华：去哪个队办点，是公社统一安排的，个人不能决定。曹长华不死心，前前后后找了李罗斌十一次。精诚所至，金石为开，李罗斌被他的诚意打动，答应说："这样吧，以后我隔三岔五就到你队上打个转身，给你们出主意、想办法。但这件事要保密，不要告诉公社。"李罗斌的"地下办队"，就这样悄悄开始了。

临近春节，李罗斌第一次来到新龙队，叫曹长华带上全体队委成员，陪他到田垄中去走一圈。一路上，李罗斌让大家告诉他每丘田的丘名和面积，水从哪里来，又排到哪里去……他们把生产队的田亩全都看了一遍。

吃罢晚饭，召开队委会。待大家议论一番后，李罗斌开始谈他对来年生产安排的建议。他说哪一片田插什么种，秧田安排在哪里，什么时间播种育秧，施什么肥料等，各种注意事项都细细道来。

队委中有个叫简明秋的，曾经当过社教政治学员，等李罗斌一讲完，便激动地说："我早就认得李罗斌，但真正认识你是今天！我在这里土生土长，好多东西还记不住，你在田里走一圈，就把每丘田的名字和面积都记住了，真是好记性！你讲了 3 片秧田，每块精确到几亩几分，该播多少种谷，讲得那么细致，又科学又实用。真是佩服你了！"

队委会按照李罗斌的指导意见，将来年粮食生产措施作了具体安排。这以后，李罗斌履行承诺，每到生产的关键时候，便悄悄来队指导。秋收之后，新龙队两季粮食增产 7 万多公斤！

粮食获得空前的丰收，队上为感谢他，送了 150 多公斤谷到李罗斌家。这一下把李罗斌吓坏了，他坚决拒绝，把曹长华挡在门外，不让进屋。曹长华他们只好把谷又运回去了。

李罗斌在新龙生产队"地下办队"两年，粮食连年增产。他还指导该队开展多种经营，养猪，养鱼，种植经济作物，队上面貌焕然一新。打单身的曹长华还找了个漂亮的民办教师，成了家。

从 1971 年冬至 1980 年，李罗斌先后在 8 个生产队蹲点办队。9 年时间里，他沉下去，站稳脚，扎住根，与农民群众朝夕相处，不断摸索和总结基层工作方法，在实践中学习，在实践中历练，在实践中成长。

1982 年 7 月，李罗斌光荣加入中国共产党。1991 年转为国家干部。

三、担当农技推广使命

李罗斌有着深深的粮食情结。他始终记得幼时耳闻目睹的农民吃不饱饭的境况，明白只有把粮食生产搞上去了，国家发展才有最基本的保障。

李罗斌虽然常年蹲点办队，但始终不忘农技站的本职工作。他知道农技站是直接面向农民群众的最基层的农技推广机构，责任十分重大。在李罗斌看来，蹲点办队是做群众工作，推广农业科技是指导农民科学种田。农业要发展，群众工作和科学种田犹如车之双轮、鸟之双翼，缺一不可。

当时的泉塘子农技站，除了担任站长的李罗斌和半工作半病休的专业干部熊坤棣之外，还有一名刚从湖南农学院毕业分配来的大学生和两名从大队抽调上来的农民技术员。李罗斌要求大家担当起农业科技推广的使命，学习钻研新技术，把更多更好的新技术新成果推广应用到生产之中。

1972年，李罗斌在尚泉大队高圫生产队办点，就从地区农科所引进了8个水稻新品种，进行品种栽培对比试验。当时，公社一级的农技站刚刚组建不久，泉塘子农技站第一个"吃螃蟹"，成为当年全县唯一搞水稻品种对比试验的公社农技站。

1973年，在棋盘大队槽门生产队办点，李罗斌引进种植了早熟品种"二九青"和迟熟品种"珍汕97"，之后"二九青"在全公社推广。

1974年，李罗斌在棋盘大队李家生产队办点，早稻引进了"广陆矮4号"，晚稻引进了"邵粳2号"。当时征购粮每50公斤收购价为9.5元，良种则每50公斤加价2.62元，李家队当年交征购粮4万多公斤，仅良种差价就增收2000多元。其后，"广陆矮4号"在全县推广，成为主栽品种。

1975年，在尚泉大队许家生产队，李罗斌引进了"竹莲矮"，试种成功，推广到全公社其他的112个生产队。在许家队还引进试种了4亩"湘矮早9号"，总产1600多公斤，实现一季"跨纲要"（当时国家提出的粮食亩产目标是黄河流域过200公斤，淮河流域过250公斤，长江流域过400公斤）。其后"湘矮早9号"连续数年成为湘潭县的主栽品种。

1975年，"杂交水稻之父"袁隆平主持研发的籼型杂交水稻取得重大突破，实现了三系配套。李罗斌立即在许家生产队引进繁殖了"二九南A"，开始熟悉杂交水稻的繁殖和制种方法。

从1976年起，李罗斌带领农技站人员开展了杂交稻制种，其间走过了艰难曲折的道路。

1976年制种面积180多亩，虽然种子制出来了，产量在全县也名列前茅，但总体效果并不理想，主要是制种的配套技术不完善，种子产量不高，平均每亩只有约15公斤。1977年继续试验制种，仍然存在种子纯度不高，大田增产不到10%，没有达到预期的理想效果。

连续两年碰壁，不少人对农技站试验杂交水稻制种产生了怀疑，李罗斌也承受了巨大的压力，毕竟当时农技站的主要任务是让公社粮食增产。

1978年，李罗斌在梅花大队斗盘生产队引进常规水稻良种"原丰早"，试种成功后全面推广，该品种成为泉塘子公社一个时期的主打品种。但是，李罗斌始终没有放弃对杂交水稻的追求，他跑省农科院，跑地区农科所，向专家们讨教，苦读各种杂交水稻技术资料。他敏锐地感觉到，杂交水稻必定是未来粮食大幅度增产的方向。

李罗斌坚守着自己的杂交水稻试验田，这为后来他成为袁隆平院士试验和推广杂交水稻的得力干将，打下了坚实的基础。

在一次次水稻良种的引进、试种和推广中，李罗斌和农技站的同事们以科学精神和创新勇气，敢于试验，不断探索。他们注重理论与实践相结合，摸索植物营养生长期与生殖生长期的规律以及它们之间的相互关系；到田间检测和鉴别病虫害，弄清水稻、小麦、油菜等农作物的常见病虫害及其发生周期和条件；广泛开展测土配方施肥，改造低产田，逐步掌握了基层农技推广的方式方法。

李罗斌认为，搞农技推广，是同土地打交道，同天气打交道，同种子打交道，没有什么捷径可走，唯有严谨务实，才能摸到门道。他为此专门制作了"田间日记"，把水稻每个品种的播种期、秧田期、分蘖期、始穗期、成熟期、有效穗、千粒重、抗逆性、施肥量以及田间管理数据等，都逐日逐项登记，反复琢磨。他就是用这种看似笨拙的方法，艰辛地从事着他所挚爱的事业。

曾经在泉塘子公社担任过4年党委书记的贺碧霖说："李罗斌勤勉好学，勇于实践，练出了一身真本事，成为一名优秀的农技站站长。我们公社把农技站看作'参谋部'，农业生产的每个环节都要听取李罗斌的意见。"

贺碧霖说，为了农技推广，他和李罗斌还采用了大家喜闻乐见的方式。每到浸种育秧、防治病虫害的时节，公社广播站就会播出一档节目，由贺碧霖以农民的身份提出问题，由李罗斌做出解答，一问一答，告诉社员群众如何抢抓农时、科学种田。

曾经在泉塘子公社工作6年的抄正春说："李罗斌不仅是全公社农技推广应用的'参谋长'，而且是我的老师。我原来对农业技术似懂非懂，后来同他一起蹲点办队，朝夕相处，学到了许多农业知识，甚至从他身上借鉴了许多认识事物的思想方法和解决问题的工作方法，无形之中也增加了我年纪轻轻就敢去担当公社书记的底气和勇气。"

有农技站这样一个好帮手，泉塘子公社粮食产量连年增产，农业技术推广和农田基本建设在省、地、县都小有名气。有李罗斌这样一个好站长，泉塘子农技站也逐渐崭露头角，名声在外。除1976年特殊年份外，农技站年年被评为湘潭县或湘潭地区的先进单位。1978年，湘潭地区召开"双学双比"先进代表大会，李罗斌代表泉塘子农技站作先进典型发言，走进了更多人的视野。

第二章 ◇

在改革风雨中前行

一、从农药成本承包服务起步

党的十一届三中全会召开，吹响了改革开放的进军号。农村改革春潮涌动，家庭联产承包责任制破茧而出。1980 年，泉塘子公社有部分生产队推行了联产承包责任制。

李罗斌十分关注农村改革进程中农民和农业的情况，他时常到实行包产的队组和农户家中去走访。他发现，联产承包赋予社员群众生产经营自主权，极大地调动了农民的生产积极性，但是，由于刚刚从集体生产走向分散经营，大部分农民一时不能全面掌握现代农业技术，出现了许多难题和困惑。

发现的一个突出问题是病虫害防治，农民很难掌握技术要求。过去习惯于听候行政命令，统一供药，统一防治，现在由各家各户自己防治，农民不懂对症施药，乱买药，乱打"保险药"，结果是增加了农药成本，达不到防治效果，还污染了农业生态环境。

李罗斌作了统计，1980 年全公社平均每亩农药成本是 8.46 元，用药量和用药成本远高出了实际需要。他萌生了一个大胆的想法，农技站推出一项农药成本承包的服务业务，帮助农民降低农药成本，保护农业生态环境。

这个想法一抛出，便招来了许多议论。持怀疑态度的人说：都包产到户了，还瞎操心干啥？农技站内部也有人担心：万一亏了怎么办？

李罗斌坚信自己的探索是有意义的，他找到公社书记颜维敬，详细谈了农药成本承包服务的设想。颜维敬觉得这是一个很好的创举，让农技站赶快写出方案来。

李罗斌迅速行动，与站里几位同志一起，作农药价格调查，仔细测算，拿出了一个每亩农药费用 7.5 元的承包服务方案，上报到公社。公社党委认真做了研究，表示支持。颜维敬说："你们大胆搞，赚了是你们的，亏了由公社赔！"

1981 年春耕前后，在公社支持下，农技站与 3 个生产队、18 个作业组、23 户农户签订了全年双季稻农药成本承包服务协议，共计 1 864.5 亩稻田。协议约定：每亩农药承包费为 7.5 元，由农技站负责农药采购、供给和技术指导，农民则负责人工和药械。

为了承包成功，李罗斌要求全站员工端正工作指导思想。他在会上向大家说："虽说是承包，实质上还是服务，服务农民的宗旨始终不能丢，推广农业科技的职责不能丢。我们既要算经济效益账，更要算社会效益账。"

实行农药成本承包后，农民不再为防治病虫害操心发愁了。李罗斌带领着农技站的员工们，时时在田间地头观察测报病虫发生动态，发现虫情病情，便对症下药，将农药送到农民手上，指导他们正确施用。

可就在晚稻进入防治病虫害关键时期，一个意外情况发生了。

这天，李罗斌的风湿性关节炎复发了，突然右半身出现了剧烈疼痛，尤其是右下半身，好像有千万支钢针在扎，千万只蚂蚁在咬。他痛得大汗淋漓，浑身发抖，直不起腰，身子弯成了一张弓。原来，这是由于长年田间劳作、水浸雨淋导致的严重风湿性关节炎，引发了坐骨神经疼痛。没几日，他的右腿长度竟然萎缩了一厘米！更要命的是，剧烈的疼痛，使得李罗斌完全无法上床安睡，一挨床就疼痛难忍，夜晚只能斜靠在竹靠椅上，挨到天亮。

公社书记颜维敬得知消息，赶到李罗斌家中看望，说："罗斌啊，你这病不能再拖了，我就给你联系汽车，送你去医院住院治疗。"

李罗斌说："谢谢书记关心，可我实在离不开呀！现在正是晚稻治虫关键时刻，我站里那两个助手对治虫、打药还不蛮里手*，离开我怕出问题。这次农药成本承包，只能成功不能失败，我们绝不能在1 800亩晚稻田里打了败仗！"

李罗斌硬撑着没去住院，他请来住在附近的水库大队赤脚医生崔利生，开了一些中药，又让崔医生每天晚饭后来扎银针、做穴位按摩。就这样，他边工作，边治疗，白天把心思用在病虫害防治上，晚上忍着剧痛，度过一个个不眠之夜。

为了尽快治好病，李罗斌还偷偷加大了服药剂量。崔医生开的中药里，配有川乌、草乌等毒性药材，碾碎成粉，每次服3克。李罗斌加量服用9克，见无大碍，又加到11克。

崔医生得知后急了："你这是不要命啦！"

李罗斌笑笑说："不要紧的，我这个病是沉疴，要用猛药。"当然，他还是悄悄地减了点量，每次服用9克。

说来也奇怪，"猛药"服用了十多天后，药效上来了，他的疼痛逐渐消除，终于可以上床睡觉了。家人、崔医生和同事们都知道，他可是经受了整整70天无法入睡的痛苦煎熬啊！

李罗斌凭借着顽强精神，与全站员工一道，打赢了晚稻病虫害防治之仗，也迎来了农药成本承包的首战告捷。当年，他们提供农药成本承包服

---

* 湖南方言，"蛮"是很、非常的意思，"里手"代表行家里手。——编者注

务的农户，粮食都获得了丰收。农技站实际施用农药的成本，每亩只花了
4.68 元，比当年未承包农户平均每亩农药费用 8.05 元减少四成多。农技
站再一算账，自己从农药成本承包服务上也赚了 5 257 元。

农药成本承包服务农民满意，农技站有利润，而更让李罗斌高兴的
是，减少农药施用，保护了农业生态环境，向承包户传授了病虫害防治
技术。

二、自负盈亏，自主办站

1982 年，农村全面实行家庭联产承包责任制。不久，取消了政社合
一的人民公社体制，恢复政社分开的乡镇体制。随着农村改革的不断深
入，基层农业科技推广体系也面临着深刻变化和重大挑战。

当时，乡镇给农技站人员划拨的"调工"报酬取消了，县农业局发给
每人每月 18 元的生活费也取消了，统一规定农技站人员的工资由乡镇财
政按每月 30 ~ 50 元发放，农业科技推广经费也主要由乡镇承担。不少乡
镇财政困难，无力支撑农技站运作，便裁减农技人员，对留下来的农技人
员只发一点生活费。一时间，农技站面临自生自灭的境地。

李罗斌走到了十字路口，他困惑，他迷茫，担任了 10 年农技站站长
的他，对农村有深厚的感情，对农民有深切的了解，不愿意看到基层农技
推广体系就这样"线断、网破、人散"。他不得不思考和探索农技站未来
的道路。

刚刚得到土地承包经营权的农民，都很想种好田。大家有面子观念，
如果种不好田，那会显得自己无能，还会被别人认为搞大集体的时候"吃

了别人的血",当然,更为重要的是,如果种不好田,没有饭吃,要饿肚子。

李罗斌同农民交谈,问:"你们有了田,有了时间,有了生产自主权,还需要什么?"

农民回答:"我们要良种,要化肥,要农药,要技术指导,一句话,要请你们农技站多多下来帮忙指导。"

李罗斌看到了农民群众对科学种田的渴望,强烈地意识到,农村越是改革发展,农民就越是需要农业科技推广。他不能放弃自己深爱的这份工作,他觉得自己有责任把农技站好好办下去。

有了1981年农技站搞农药成本承包的初步探索,一个更加大胆的设想在李罗斌脑海里逐步形成……

他找到农技站的许海秋、姜铁民两位同志商量,提出了自负盈亏、自主办站的设想。他说:"与其等死、散伙,不如冲出去,杀出一条血路,闯出一条新路!当然,可能成功,也可能失败,就等着你们一句话,干还是不干?"两位员工坚定地回答:"我们听你的!"

几天后,李罗斌把大家商量的方案向乡党委书记颜维敬作了汇报,提出把农技站搬出乡政府机关,独立建站,自主办站,自负盈亏。

颜维敬与李罗斌打交道多年,知道他是农业科技推广的一把好手,也知道他的闯劲和韧劲,但是,听说农技站要自负盈亏,颜维敬还是大吃了一惊,毕竟,基层农技站是由政府买单、为农民服务的公益性质的单位。

李罗斌见书记在犹疑,便急切地说道:"农民承包后,更加需要农业技术,农技站决不能垮!现在乡政府财政有困难,那就让我们农技站自己想办法吧。人活一口气,树活一张皮,我就不信人还能被尿憋死!"

　　乡党委研究了农技站自主办站的方案后，同意试行。颜维敬对李罗斌说："你们先试两年看看，万一不行，农技站3个人的工资还是由乡政府负责。"

　　得到了乡党委支持，李罗斌深受鼓舞，但真要自主办站了，他还是深感压力巨大。

　　开弓没有回头箭。李罗斌向乡党委提出，把乡里原水管站一栋薄壳结构的小楼房划拨给农技站，又从村级农科员中挑选6名能力强的，加入农技站，人员由3人增加到了9人。同时，站内完善管理制度和激励措施，凝聚人心。

　　在总结1981年农药成本承包经验的基础上，农技站推出了农技农资系列服务业务。除了继续对少数有需要的农户进行农药成本承包之外，主要开展药械出租、技术指导承包和农资经营服务。他们坚持服务第一、农技推广第一、兼顾自身经济效益的原则，把各项承包服务价格确定在农民能够接受的程度。

　　农技服务清单公布后，农民一算账，觉得很划算，于是，越来越多的农民与农技站签订了承包服务协议。泉塘子农技站自主办站、自负盈亏的探索之路，就这样开始了。

　　药械出租业务解决农民实际需求。当时买一部喷雾器要几十元钱，很多农户买不起或不愿买，每家每户买一部也没必要。李罗斌让农技站用第一年搞农药成本承包赚的5 200多元钱，一次性买回来18台"东方红18"机动喷雾机，然后雇请23名农民，办了5天培训班，把他们培养成药械手。对农户每亩收费0.5元，其中0.1元作为药械手劳务费，一名药械手一天可喷施农药100多亩。每到病虫害防治期，18台喷雾机、20多名药械手全部出动，三五天时间就能全部打一遍，用药少，效果好。

水稻生产全过程技术指导承包，一共与农户签订了 4 000 多亩的服务合同，每亩收费 1.2 元。经过全程技术指导，广大农户基本上掌握了生产技术，有效解决了包产到户后农民缺技术的问题。

更受农民欢迎的是农技站的农资经营服务。计划经济时代，农药化肥实行国家专营，生产厂家负责生产，生资公司负责储备和供应。现在经济体制发生了变化，自负盈亏的生资公司不能大量储备，到了农忙需要的时节，千家万户集中抢购，农药化肥成为紧俏货。

泉塘子农技站得益于过去与生资公司、生产厂家打交道的优势，打通了供应渠道。

早从 1977 年起，湖南省供销合作总社和研究农药的株洲化工研究所牵头，组织新农药和农药新剂型的药效试验，参加试验的有全国许多农药生产厂家，后来又有国外杜邦、孟山都、施多福等公司参与。李罗斌和泉塘子农技站承担了其中许多项目的田间试验，由此结识了众多生产厂家。

这段经历，给农技站开展农资经营服务带来了便利。李罗斌主动与各生产厂家、农资公司联系，上门接洽，创办了农资经营服务部。

李罗斌不是把它当作一个纯粹赚钱的工具，而是要打造成为服务农民、推广农业新技术的新型阵地。为此，李罗斌想出了许多服务措施：

农资经营服务部专门配备一名农技人员，坐堂提供咨询和指导服务；

营业厅内外设置了宣传栏，贴出辨识各种病虫害的彩色图片，按照农事季节，张贴由农技站制作的农业技术要领和措施；

对一些新发现的病虫害，他们从田间找到其始发期、蔓延期、危害期的禾苗标本，用陶钵移栽在营业间，让农民辨识，还附上写有相应防治措施的卡片，这种形式比技术员口头讲解和彩图宣传，更加直观，效果更好；

服务部对每一种农资印制了专用购货发票，发票背面印上该农资的品种介绍和在作物播种期、育苗期、移栽期等不同时期的使用要点，让农民在买回农资的同时又学到了使用方法……

在经营服务上，服务部不以营利为目的，凡是农民需要的，凡是农业技术推广需要的，他们都经营，哪怕贴本生意也做。农药不仅品种齐全，满足防治各种病虫害的需要，而且实行拆零供应，农户需要多少就卖多少。

最为群众所称道的是农技站在技术上把关。不是防治病虫害的时候不卖农药，也不让农民多买农药打"保险药"，尽量为农民节省成本。有些群众分不清病虫害种类，不知道该要买什么农药，站里就会派农技员去田间调查，指导农民该买什么农药，该怎么防治。

农技站自主办站、自负盈亏的第一年，虽然艰辛，但仍取得了可喜的成绩。全站9个人没要财政负担，较好地破解了农技站经费难题。1983年，李罗斌和同事们认真总结经验教训，简化了技术承包服务方案，降低了收费标准，还用承包服务所得的赢利，购置了一批农技推广的仪器设备。

1986年，农技站利用经营服务赢利，加上省、市、县三级农业部门支持的2.48万元和借用的国家财政周转金2万元，新建了一栋700多平方米的科技服务楼和职工住房。农技员过去的窘境是"办公没有桌，睡觉没有窝"，现在是住房、办公房、会议室、生活用品一应俱全。

一时间，泉塘子农技站在十里八乡，声名鹊起。

在基层农技推广体系遭遇严峻困难的情况下，泉塘子农技站却以改革创新的精神积极探索发展新路，摆脱财政负担不足的困扰，转变成为自负盈亏的农技服务实体，这在当时引起了极大反响，也引起了上级领导部门的关注。

1982年底，在泉塘子农技站尝试自主办站取得初步成效的时候，李罗斌就受邀参加了湖南省农业厅在常德市召开的全省农业技术承包和农业技术推广经验交流会，受到省农业厅表彰。

1984年，湖南省农业厅在祁阳县召开全省农业技术承包和经营服务经验交流会，李罗斌在大会上作了经验介绍。会议结束后，湘潭市、县农业局决定以泉塘子农技站为示范点，培养好这个典型。1985年，由原湘潭地区农业局局长邹国清带队，市、县两级抽调干部，来到泉塘子农技站办示范点。

泉塘子农技站的工作业绩得到了省农业厅的高度关注和充分肯定。1986年，省农业厅农业技术推广总站与湖南电视台联合采访后，在电视台以《农业科技的喜与忧》为题，进行了系列专题报道，每集10分钟，连续播放6集，详细推介了泉塘子农技站的经验。报道认为，在农业科技推广队伍普遍处于网络不完善、人员难保障、农民对农业科技又极其渴望的情况下，泉塘子农技站走出了坚守阵地、创新发展之路。

1987年10月的一天，省农业厅农业技术推广总站副站长周更珍陪同省委顾问委员会副主任王治国来到湘潭，单独听取了李罗斌两个多小时的汇报。王治国曾经担任过分管农业的副省长，他称赞泉塘子农技站服务农业、改革创新走在了全省的前列，并表示将向省委汇报，推介这个典型。

1988年3月20日，湖南省委书记毛致用专程来到泉塘子农技站进行考察调研。整整一个下午，他仔细察看了农技站情况，认真听取了李罗斌汇报，并同农民座谈，详细询问了农技站在农技推广服务、创办服务实体、帮助农民增产增收等方面的情况。

不久，毛致用书记在省委常委扩大会议上推介了泉塘子农技站的经验，他说："泉塘子农技站立足服务办实体，办好实体促服务，走自我武装、自我发展、自我完善的道路，把农业实行责任制后一家一户办不了办不好的事都解决了，泉塘子把这条路走通了。"

湘潭市委根据省委要求对泉塘子农技站的办站做法进行全面调查后，专门下文，印发了泉塘子农技站典型经验材料。

三、泉塘子经验

李罗斌带领泉塘子农技站自主办站，在实践中不断探索，不断前进。早在1982年底，农业部副部长朱荣来湖南调研时，就把泉塘子农技站的承包服务形式总结为全国四种承包服务形式之一，给予了肯定。其后，他们的经验得到不断完善，形成了"泉塘子经验"。这个经验，李罗斌自己总结为"四靠"，即靠技术承包起家，靠系列化服务发家，靠严格管理持家，靠科技推广富万家。

一是靠技术承包起家。

1981年泉塘子农技站承包了1 864.5亩田的农药成本，当年每亩田农民花费的农药成本由上年的8.46元下降到7.5元，降低了11%，农技站也赚到了5 257元，达到了领导满意、农民满意、自己也满意的效果。

李罗斌说："当时农技站员工发的工资是每人每月50元，一年600元，我们3个人加起来共1 800元。农药成本承包服务，8个月时间就赚了5 257元，人均1 700多元，相当于赚回了一个人3年的工资。这是我们挖的第一桶金，让我们对农技站继续办下去有了巨大的信心。更重要的是，通过这种技术性的承包服务，传授病虫害防治的全套技术，让农民完全掌握了病虫害防治的使用药剂、用量和时间，让我们看到了农村体制改革后基层农技推广的方向。"

二是靠系列化服务发家。

泉塘子农技站的系列化服务，主要有四大方面：

系列化服务的第一个方面是开展传统方式的农技推广。他们采取无偿或微偿的方式，向农民进行技术指导承包，利用召开广播会、印发技术资料、在交通要道设置墙报、农技干部到村到组到户现场指导等办法，传授一些常用的农业科学技术。

系列化服务的第二个方面是开展经营服务。这可以说是开了全省基层农技站经营服务的先河。在计划经济年代，所有农资都面临数量不足、供应紧张的情况，尤其是农药化肥。泉塘子农技站早从 20 世纪 70 年代中期开始，就与农资供销部门、农药化肥厂家开展了一些新农药和农药新剂型的田间试验，每年都参加了许多试验成果总结会，由此结识了许多农资生产厂商和供货商，为开展农资经营服务打下了很好的基础，后来找这些渠道购买农药化肥，都很便利。譬如找湖南省微生物研究所买防治纹枯病的"井冈霉素"，找施多福公司买防治稗草的"禾大壮"，找湘江氮肥厂买尿素，要多少给批多少。

农技站开展经营服务，在农民家门口就能解决农民急需的农资供应难的问题，深受群众欢迎。农技站坚持面向群众，只要是农民所需要的，只要是农业技术推广所需要的，包括其他农业生产资料甚至锄头扁担等，都可以买到。即使商品再紧俏，也只以生资站价格、厂家进价甚至有的时候还贴钱卖给农民。经营服务的业务量越做越大，增强了自主办站、自负盈亏的经济实力。

系列化服务的第三个方面是开展新技术新成果的引进开发服务。粮食要增产，农业要发展，农民要增收，新技术新成果的推广应用是关键。农技站的初心和使命就是农技推广，更要把新技术新成果的引进开发服务放在突出位置。泉塘子农技站在引进推广新技术新成果上，可以说是什么都想试，什么都想干，尤其是杂交水稻，袁隆平团队的许多新成果新品种都在这里通过中试、示范而推广出去的。

李罗斌说："袁先生多次称赞过，说李劳模你们的栽培技术水平是一流的。得到袁先生如此高的评价，我觉得受之有愧，但内心还是非常高兴的，若没有认真踏实的工作，没有扎实的成绩，就得不到他的认可，是袁先生的鼓励给了我们不懈奋斗的动力。"

几十年来，从三系法到两系法，再到第三代杂交水稻，袁隆平只要有新的好成果，都会放到泉塘子来做种植试验和示范，而李罗斌也一定以严谨的作风进行试验和示范。这样良性互动的结果，推动了新技术新成果的推广应用，促进了农业增产增收、农民致富，达到了农技推广服务的目的。

系列化服务的第四个方面是以企养站。李罗斌说，人无远虑，必有近忧。到了 20 世纪 80 年代后期，随着改革开放的不断深入，我预计到今后农资经营肯定会放开，等到全面放开以后，农技站再开展农资经营服务，就不符合市场经济规律了，过度参与市场竞争，也会影响农技站推广农业科技的职责使命。

于是，泉塘子农技站办了两个化工厂：一个是氯化锌厂，生产出口产品，通过上海外贸出口；另一个是固化剂厂，引进湖南大学化工研究院的成果，合资办厂，农技站控股 51%。从 1988 年年底开办到现在，每年都给站里上缴利润，贴补了不少农技试验推广费用。此外，农技站还办了牛奶加工乳品厂、特种养殖场，虽然后来改制卖掉了，但每个都赚了几十万元钱。靠系列化服务发家，大胆创办企业，以企养站，功不可没。

三是靠严格管理持家。

俗话说，打江山容易守江山难。农技站成功了，但还要继续发展，就必须严格管理，始终保持内部的严谨与活力。为此，农技站制订了一系列管理制度，主要包括：能进能出的用工制度，能多能少的分配制度，强有力的政治思想工作制度，严格的财务管理制度，操作性很强的出勤制度，岗位目标管理制度，职工养老保险制度。

这些制度不仅是写在纸上，挂在墙上，而且是严格执行，说到做到。以用工制度为例，打破铁饭碗，合适的就做，不合适的就辞退，农技站先后辞退了 3 名员工。

最有特色的是政治思想工作制度。李罗斌认为，不管什么年代，不管什么单位，政治思想工作都不能丢，这是共产党的优势。不坚守为人民服务的初心，不凝聚守正创新的正气，事情就办不好。农技站坚持每周星期天晚上的例会制度，雷打不动，从来没有人缺席过。在每周的例会上，总结上周工作，安排下周工作，重点检查近段时间存在的问题，开展批评和自我批评，共同提高思想觉悟。

李罗斌说，我们都牢记毛主席在延安整风时说过的一段话，从团结的愿望出发，通过批评和自我批评，达到新的团结。要求大家做到知无不言，言无不尽，言者无罪，闻者足戒，有则改之，无则加勉。我们就是通过这样强有力的政治思想工作，达到了掌握坚定正确的政治方向、艰苦朴素的工作作风、灵活机动的战略战术的目的。

正是因为整个团队思想纯朴，团结和谐，在执行能多能少的分配制度的时候，出现了大家不是争多而是争少的生动局面。站里先只发每个月的生活费，年底再根据岗位目标实现情况以及各项规章制度执行情况，一次性评定全年的月工资收入。但是，每到年底评定收入的时候，大家都不是争自己的工资少了，而是说谁的工作做得更好，应该把他的工资多加一点，把自己的工资减下来。

1990年，当时社会上还没有养老保险的观念，泉塘子农技站就定了一个《关于职工养老保险的决定》，经乡政府批准后实行。员工在10年内离开农技站的，按每年一个月工资的标准一次性发放养老补助金；工作10年以上的，按每5年一个档次，分别增加一定比例的养老补助金。同时，鼓励技术创新，凡获得省、市、县科技成果奖的，又另外增加一定数量的养老补助金。这种解除职工后顾之忧的做法，大大激发了全站人员的工作积极性。

四是靠科技推广富万家。

这是农技站的职责所在、使命所在，也是大家齐心协力办好农技站的最根本动力。

李罗斌说："农民到底富不富，不是看农民人均纯收入这种纸面上的数字，而是看农民在信用社的存款数和农民的住房条件。很多年来，泉塘子全乡农民的人均信用社存款数排全县第一，老百姓住房条件也是全县最好的。我们觉得，这当中就有农技推广的作用。"

勇敢探索，走过艰辛，硕果累累，泉塘子农技站的工作业绩得到了社会的认可。农技站连续多年被评为市、县先进集体，1987年荣获全省吨粮田开发"丰收杯"二等奖。

李罗斌先后被评选为省农业劳动模范、全国劳动模范。1988年，他当选为第七届全国人民代表大会代表。1989年，他荣获"湖南省农业丰收奖"。

泉塘子农技站把服务和经营结合起来，走出了一条兴站富民的路子。1994 年第 3 期《求是》杂志以《优化农技服务机制，帮助农民进入市场》为题，向全国推介了泉塘子农技站的经验。

第三章 ◇ 帮助农民增产增收

一、湘早糯1号

1986年春节，有人问李罗斌能不能买到糯米，说是粮店里糯米经常缺货，买糯米要碰运气。

说者无心，听者有意。春节过后，李罗斌回到农技站立即查看了站里前两年试种糯谷的情况。1984年引进"湘早糯1号"试种1.16亩，产糯谷586公斤；1985年试种面积扩大到19.5亩，平均亩产526公斤。当时本地的糯稻品种亩产一般只有300多公斤，"湘早糯1号"是破天荒的高产了。

李罗斌敏锐地发现了商机，他觉得，糯米有市场需求，卖价又高，完全可以推广到农户种植。

李罗斌有了大面积推广种植"湘早糯1号"的打算，但难题也随之而来。当时粮食实行统购统销，如果没有粮食部门收购，糯谷种了也没有办法销售，必须先找到粮食部门签订糯谷收购合同。李罗斌过去没有同粮食部门打过交道，通过多方联系，与湘潭市粮食局局长尹菊梅见上了面。

湘潭农村没有大面积种植糯谷的历史传统，糯米供应主要靠从外地收购。尹菊梅听说泉塘子乡要种糯谷，很是惊讶。他首先问李罗斌："你种植的这个品种有没有浏阳的'柳条糯'品质那么好？"

李罗斌立即介绍了农技站试种"湘早糯1号"的情况，说这个糯谷优良品种是从省农科院原子能所引进的，产量高，品质好。李罗斌还把糙米率、精米率、整精米率、长宽比、直链淀粉、胶稠度等指标都向尹菊梅作了介绍。

看到李罗斌有备而来，尹菊梅对这个从未谋面的农技站站长不能不刮目相看了。他又问："你一个乡农技站能够解决全市的糯米供应吗？"李罗斌听局长这么一说，顿时感觉到真是市场潜力很大，值得一搏，便坚决地表态说："只要局长同意我干，我就能做到！"

尹菊梅也当即表态："君子无戏言。你先拿你们去年试种的糯米给我们看看，只要合格，我就收你们的。"

一个星期后，李罗斌再次来到湘潭市粮食局。这里有一个小插曲，当初骑辆破单车去粮食局谈业务的那种情景，让李罗斌觉得农技部门太没地位了。他了解到县农业局刚刚购置了一台新北京吉普，于是借了这台吉普车，开进市粮食局大门，从车上卸下了用"湘早糯1号"稻谷加工的糯米，还有两大盆糯米饭和五坛糯米甜酒。

尹菊梅头一次见到这样来推销糯米的，于是带着局里几位干部，饶有兴趣地品尝了糯米饭和甜酒。品尝之后，大家纷纷称赞，这个糯米饭好吃，甜酒也比本地糯米甜酒质量要好，糯米外观品质极佳，值得推广。

尹菊梅安排有关部门负责人："泉塘子出产的糯谷质量优良，每年能够生产50多万公斤糯谷，以后就由我们收购，有多少收多少。"

当天，湘潭市粮食局购销公司与泉塘子农技站草签协议：泉塘子乡的糯谷都由第五仓库负责收购，每50公斤糯谷抵60公斤征购粮指标，价格比早籼稻高3.57元，农技站从超出的3.57元中提取0.5元作为技术服务费。

回到农技站后，李罗斌带着与市粮食局购销公司签订的购销协议，向乡政府作了汇报，得到大力支持。然后，迅即安排6名农技干部，走村串户宣传种植糯稻增加收入的好处。他们花了半个月时间，与全乡 119 个作业组的农户签订了种植协议，落实糯稻种植面积 1 170 亩。

"湘早糯 1 号"大面积种植并非一帆风顺。5 月 1 日至 4 日，连续多天较强低温，插下去的秧苗被冻死了一部分，最后成活的面积约 1 000 亩。

糯稻获得了丰收，但在粮食收购过程中又出现了新问题。由于糯谷比籼稻收购价格高，抵的征购粮指标多，有少数农户就往糯谷中掺加其他品种的稻谷。李罗斌不能让这种见利忘义的行为毁了全乡农民的利益，立即安排农技员蹲守第五仓库，验谷把关，坚决拒收掺假糯谷。由此，粮食收购部门对泉塘子农技站更加信赖了。

泉塘子乡村民种植"湘早糯 1 号"效益大增，引得周边乡镇的村民也闻讯而来。泉塘子农技站不仅给他们提供种子和技术支持，还帮助他们销售糯谷，农民增产增收，欢天喜地。

其后多年，湘潭市的糯米供应问题都由泉塘子农技站解决了。泉塘子农技站开订单农业之先河，既致富了农民，也赚取了技术服务费。

二、旱育抛秧技术

水稻栽培，中国自古采用插秧的方式。1992 年前后，一些地方发明了旱育抛秧技术，但是推广起来却并不容易。

1995 年冬，李罗斌参加了省农业厅组织的农技站长培训班，学习内容中让他眼前一亮的就是塑料软盘旱育抛秧技术。培训班用幻灯片的形式，展示了用塑料软盘旱育抛秧的全过程。李罗斌心想，推广这项新技术，能让农民从脸朝泥水背朝天的插秧劳动中解脱出来，而且效率也大大提高了，是多么好的事情啊！

当时湖南省率先采用旱育抛秧技术的是长沙县北山镇，刚好北山镇农技站的站长也在参加培训班，李罗斌当即找到这位站长了解情况。该站长介绍说，旱育抛秧的技术确实很好，但推广应用难度很大，推广了3年，北山镇总共才搞了4 000亩左右。

回到湘潭之后，李罗斌又了解了全市的情况。其实，早在1992年，湘潭市农业局就派人去黑龙江参加了全国塑料软盘旱育抛秧技术推广会议，回来后也作了推广，但进度很不理想，1992—1995年全市累计推广塑料软盘旱育抛秧技术还不到1 000亩。

一项可以改善水稻栽培方式的好技术，几年了还推广不开，症结究竟在哪里？

李罗斌经过调查后认为，一是宣传力度不够，连许多乡镇农技站都不知道有旱育抛秧这样一项新技术；二是推广方法有问题，没有做出推广这项技术的试验样板；三是没有协调发动起领导和部门的作用，缺乏强有力的推动力。

李罗斌有一句口头禅：喊破嗓子不如做出样子。他想，说一千道一万，如果不做出示范，干部群众很难认可新技术。于是，他决定从泉塘子农技站做起，先搞出一片像样的高产示范片来。

1996年育秧时节，李罗斌说服棋盘村李家、棋盘两个组的农户，统一选用早稻良种"八两优96"，集中浸种催芽，集中用营养土，培育了2亩4分田的抛秧苗。然后，选择在公路附近比较显眼的地方进行抛秧技术示范种植，一共种植了208亩。

抛植的秧苗，开始时显得稀稀落落，东倒西歪，根本看不上眼，但齐苗之后很快就显现出了返青快、分蘖多的优势,禾苗长得整整齐齐,有效穗明显增加。因为示范田就在公路旁边,过路群众看了,都觉得不可思议。李罗斌松了一口气,带领农技人员精心管理着这片示范田,尤其注意掌握抛秧禾苗的生长规律,摸索培养方法。

7月18日,省委分管农业的副书记谢康生在省农业厅科教处处长燕志国等人陪同下,来到这片示范田考察,看到大面积的抛秧田叶青谷黄落色好,一派丰收的景象。

谢康生问:"李劳模你说说,抛秧到底有哪些好处?"

李罗斌介绍说:"抛秧与手工插秧相比,有'六省''四多''两增'和'早熟'的优点。'六省'是省秧田、省成本、省工、省种、省肥、省水,'四多'是每亩兜多、苗多、穗多、粒多,'两增'是增产、增收,'早熟'是比手工插秧早成熟 1 ~ 3 天。"

燕志国处长听后,连连称赞:"劳模你总结得好,真是如此,今后要在全省加大推广力度。"

谢康生副书记当场表示,省里批 5 万元推广经费给泉塘子农技站,让他们继续试验和推广。

省领导的肯定和鼓励,让李罗斌更加坚定了信心。作为在田里摸爬滚打了几十年的农村人,他深知浸种、育秧、扯秧、插田等繁重体力劳动的艰辛,通过推广应用新技术把农民从苦活累活中解放出来,这就是为农民做了一件大好事。

他有了新的想法,以示范田为现场,让更多的人了解塑料软盘旱育抛秧的好处。

李罗斌组织人员,把 208 亩示范田布置成一个旱育抛秧高产示范片现场,把测算出来的每亩田的兜数、有效穗、每穗粒数、千粒重等数据,做成几块大数据牌，竖在田边醒目处。然后，请乡党委召开现场会，把乡村的党政负责人、部分生产队长、农业科技干部请来现场观摩，听取李罗斌的讲解。此外，还请来市、县电视台和报社记者，在现场采访报道。消息一传十，十传百，很快闻名当地，来现场观摩的人络绎不绝。

收割之后，这个示范片的稻谷产量与手工插秧的稻田相比，每亩增产78.5公斤。事实摆在面前，逐渐改变了人们插秧作田的传统观念。

1997年，乡党委根据农技站的设想规划，决定在全乡推广应用塑料软盘旱育抛秧技术，每个村推广面积不得少于100亩。农民积极性很高，每个村都搞集中示范片，最少的村也有200多亩，最多的新坪村搞了五片，合计抛秧种植面积570多亩。当年全乡实际抛秧种植水稻面积达4 700多亩，产量比手工插秧的每亩增产40～70公斤。

任何新生事物的发展并非都是一帆风顺，在推广示范旱育抛秧技术的过程中，由于来自传统习惯的阻力，李罗斌也曾经遭遇到一些哭笑不得的事情。

1997年，邻近的响塘乡和河口乡看到了旱育抛秧的好处，请李罗斌帮助他们育了8.4亩软盘抛秧秧苗，然后运回去自己抛。其中响塘乡运秧苗回去后抛种了100多亩，不巧突遇大风雨，秧苗横七竖八歪倒在田中，有些根部泥土粘得少的，漂浮在水面，被大风一吹，更加看不上眼。许多人都担心会减产，七嘴八舌议论纷纷。

李罗斌闻讯后，当即派了两名技术干部赶到现场察看，指导他们把田里的水放干，等天气略有好转，把吹散到田脚的秧苗捡起补齐，说保证没有问题。

但不知何故，当地有人叫来记者采访曝光，甚至有人在头天晚上偷偷将田里灌满水，风一吹水一动，场面显得更加狼藉不堪。

李罗斌虽然非常生气，但也知道这是某些人抵制新生事物的阴暗心理在作怪，只能用最后的结果去改变这些人。他马上组织村民把水排干，把秧苗补齐。大部分农户按照李罗斌的办法做了，但仍然有人不放心，重新手插，还声称要索赔。到了收割时，抛秧田全都获得高产，产量高于那些手插田。这下村民们终于看到了抛秧的效果，非但没有向泉塘子农技站索赔，还感谢他们带来的这项省工省力又高产的新技术。

在泉塘子乡的示范带动下，用了不到两年时间，湘潭市和湘潭县农村就全面普及了旱育抛秧技术，农民面朝泥水背朝天的手工插秧从此成为了历史。

示范推广旱育抛秧技术，还给农技站带来了一个意外惊喜。1997 年底，怀化市一家种子公司的领导忽然来到农技站表示感谢，李罗斌觉得莫名其妙。原来这家公司培育开发的"八两优 96"水稻种子，3 年前就报到了省种子管理站审定，却迟迟没有通过。恰好李罗斌对这个品种比较熟悉，用作了软盘抛秧的种子，7 月份省委副书记谢康生来视察时，看到这个种子适宜作抛秧种子，回到省里后便向省种子管理站作了推介，使得"八两优 96"很快顺利通过审定。这家公司就是为此特意来向李罗斌致谢的。后来，这家公司又新培育了"八两优 100"，也顺利通过审定。从此，泉塘子农技站去购买两个品种的种子，该公司都以每公斤 2 元的成本价卖给他们，种子差价让农技站获利不少。

三、科技示范户

泉塘子乡是个典型的农业乡，全乡 15 369 亩水田，农民以种田为主。

20 世纪 80 年代初实行责任制后，泉塘子农技站确定了 7 户水稻种植科技示范户。

1984 年，李罗斌听说福建省农科院谢华安院士培育了一个叫"汕优 63"的三系法杂交水稻新品种，产量高，米质好，便有意引进来向农民推广。

"汕优 63"全生育期较长，其常规做法是 5 月份播种育秧，秧龄期控制在 1 个月以内，才能够保证在 9 月 15 日前安全齐穗，躲过寒露风。但由于育秧和插秧时间提前，不能接上早稻作晚稻连种，只能作为中稻或者一季晚稻品种。李罗斌觉得，如果只能种一季，必然会影响这个品种在双季稻地区的推广。他想试一把，将"汕优 63"作连作晚稻进行栽培。

这个想法一经提出，就遭到许多专家质疑，认为李罗斌胆子太大。李罗斌与谢华安院士联系和请教过，对"汕优 63"特性有了较多了解，认为这个品种感光性比较强，完全可以保证在 9 月 15 日前安全齐穗。于是，他与 7 户科技示范户商议，决定每户先各种一丘作为试验。

李罗斌指导科技示范户将"汕优 63"改为 6 月 3 日播种育秧，在早稻收割后作连作晚稻，结果真如李罗斌所预见，由于感光性较强，都在 9 月 15 日之前安全齐穗。当年，7 户科技示范户的 7 丘"汕优 63"晚稻都获得了高产。

李罗斌带领科技示范户大胆试验，一举突破了权威定义，也坚定了进一步试验推广的信心。

第二年，李罗斌又指导科技示范户进行新的探索。他让科技示范户分期播种育秧，有的在 6 月 3 日播种，有的在 6 月 7 日播种，有的在 6 月 11 日播种，意在掌握"汕优 63"作连作晚稻的最佳播种期。最终试验结果是，6 月 7 日播种的产量最高。

连续两年通过科技示范户试验，证明了"汕优 63"完全适合作为连作晚稻品种进行大面积推广。从 1986 年起，泉塘子农技站在全乡推广种植，"汕优 63"成为农民水稻种植的主栽品种。当年，泉塘子村科技示范户刘玉梅家的丰产片，还成为第一届国际杂交水稻学术研讨会的参观现场，让全世界的水稻专家和农业官员见证了杂交水稻的丰产效果。

远在福建的谢华安院士听说了李罗斌的试验，更是十分高兴，先后 3 次亲临泉塘子农技站和科技示范户视察指导，称赞他们的试验为大面积推广杂交水稻新品种、促进农民增产增收做出了贡献。

在致力于水稻科技推广的同时，李罗斌一直思考着帮助农民拓宽增收的途径。他认为，为农民服务不能只盯着粮食生产，还必须调整农业结构，发展多种经营，让农民的生产跟着市场走，开辟更多的增收渠道。为此，农技站在全乡建立了生猪养殖、水产养殖、沼气应用等一批科技示范户，作为科技推广的先行者和带头致富的排头兵。

尚涟村龙塘组刘凤武家，是农技站的水产养殖科技示范户。刘凤武承包了 10 多亩水面的池塘，刚开始按照传统的家鱼养殖方法，效果并不理想。

李罗斌专程来到湘潭市畜牧水产局，找到水产科庄科长，请他安排水产专家前去指导。在专家的指导下，刘凤武逐步掌握了水产养殖技术，合理搭配青草鲢鳙四大家鱼投养比例，正确开展鱼病防治，还引进了罗非鱼、胡子鲶等市场走俏的新品种，获得了良好的经济效益。

后来，刘凤武还让儿子报考县农校学习水产专业，水产养殖场办得红红火火。泉塘子乡有 6 921 亩水面，在科技示范户的带动下，水产养殖专业户越来越多，农民增收又多了一条新渠道。

湘潭县是"粮猪型"农业大县，养猪数量居全国前列。为了把生猪的粪便转化成可以利用的能源，县里一直向农民推广沼气的开发利用，但进展不大。李罗斌觉得，这项工作如果不能普遍推开，生猪的粪便造成面源污染，将会严重制约生猪产业的发展。他下决心要在泉塘子乡加快沼气开发。

1986 年，李罗斌在养猪专业户中物色了棋盘村的刘再山作为试点。刘再山是村里的支部书记，头脑灵活，接受新生事物能力强，家里养了10 多头猪，很愿意搞沼气。

为了办好这个试点，李罗斌到湘潭市沼气办请来专业技术人员指导。专家认为，要沼气充足必须粪便多，10 多头猪的规模小了，应当扩大家庭猪场的规模。扩建猪场需要木材和楠竹，但当时木材和楠竹供应紧张，只能凭票购买。于是，李罗斌想方设法批了一批楠竹指标，组织农技站人员到盛产楠竹的花桥乡买回两车楠竹，送了 60 根给刘再山，新建了一个300 多平方米的猪场，养猪数量增加到 50 多头。

经过大家逐步摸索，刘再山家的沼气利用从烧水、煮饭，一步步发展到沼气照明、沼气洗澡、沼气取暖。

一时间，周边群众纷纷来到刘再山家参观，全乡很快就推开了沼气的开发利用，解决了生猪养殖的面源污染问题，也改善了农民的生活条件。

几十年来，李罗斌就是靠着科技示范户的试验和样板作用，不断地把农业新成果、新技术、新方法推广到广大农户。李罗斌深有感触地说，农技推广不能光靠农技站一条腿，还必须加上科技示范户这条腿，两条腿走路才能走得稳、走得快，农民群众才会从示范效果中看到农业新科技的好处。

第四章 ◇ 两系法杂交水稻第一乡

一、种子情结

在李罗斌长达数十年的农技站长生涯中，为农民选用和推广最好的种子是他始终不渝的追求。为此，他用心最深，费力最多，形成了伴随一生的种子情结。

李罗斌深受中国农耕文化熏陶浸染，他深知中国几千年传统农耕文化中，人们对种子、种源的选育都极为重视，良种可以使农业增产，使农民增收，种子承载着农民对农业的情感和期冀。

他总结了新中国成立后水稻耕作制度三次大的改革，第一次是由单季稻改成双季稻，第二次是高秆品种改成矮秆品种，第三次是常规稻品种改成杂交稻品种。每一次改革，都让粮食产量迈上一个新的台阶，而这些神奇的改变，依靠的就是种子的力量。

因此，在农技推广工作中，李罗斌始终把握住以种子为龙头的指导思想，把种子看作是农业增产的内因，而其他的栽培管理等，都必须通过这个内因起作用。他经常向农民和农技站职工宣传毛主席说过的一句话：如果有了优良的品种，即使不增加肥料，也能取得较好的收成。

说起这些年来他引进的良种，李罗斌总是神采飞扬，如数家珍。常规水稻从中稻的"一面粘""万利籼""陆财号""矮脚南特号"，到晚稻的"红米冬粘""白米冬粘""农垦58"；杂交水稻从"三系法""两系法""超级稻"，到现在的"第三代杂交稻"。每一个品种，都如他的孩子一般珍贵，水稻新品种的试验推广，是他们农技站的主要工作，也是他倾注毕生心血的事业。

在种植常规水稻的年代，生产队是需要预留种谷的，种谷质量如何，直接影响到来年的收成。因此，李罗斌始终将农技站的工作重点放在良种的选择和培育上，尤其注重钻研种谷的提纯、复壮。

他在全公社的生产队长会议上，提出每个生产队都要有一个种子员，要有专人负责品种的收集和储藏。为了让大家了解种子提纯、复壮的重要性，他还特意编了一个顺口溜："头年一攒齐，两年现高低，三年就高子矮子各顾各，上面一大把，下面一小撮。"意思是说，如果不做好种谷的提纯、复壮，长出的禾苗，第一年也许还会生长比较整齐，但第二年以后就会参差不齐，产量显著下降。几十年后，人们都还记得李罗斌编的这些顺口溜。

二、"上有苏杭，下有泉塘"

1975 年前后，袁隆平领衔研究的三系法杂交稻成功配套，产量大幅度提高。凭着对种子的了解，李罗斌敏锐地感觉到杂交优势对水稻增产将带来巨大变化。因此，在普遍种植常规水稻的那个年代，李罗斌就一边推广常规稻良种，一边试验杂交稻的种植和推广。他经常带领农技站员工去杂交稻制种基地参观，自己也经常跑省农科院和省杂交水稻研究中心，找来技术资料学习，了解杂交水稻的特性和原理，从此与袁隆平和杂交水稻结下不解之缘。

李罗斌与袁隆平正式相识始于 1985 年。湘潭市、县两级农业局到泉塘子办示范点，由原湘潭地区农业局局长邹国清带队，还有一位是地区种子站站长高成节，他们都是热心于杂交水稻推广的专家型干部，与李罗斌推广杂交水稻的想法不谋而合。于是，他们制定了把泉塘子农技站打造成杂交水稻新组合的试验示范和高产攻关基地的规划，上报到省杂交水稻研究中心。

不久，省杂交水稻研究中心同意了这个规划，确定泉塘子农技站当年早稻引进种植"威优49"，晚稻引进种植"威优46"。第一次领到杂交水稻栽培试验的正式任务，李罗斌心情很激动，选择在梅花村种植了200多亩早稻"威优49"。

7月18日，正是早稻成熟的时候，袁隆平和省外事办有关负责人陪同朝鲜农业考察团来到了泉塘子农技站，参观杂交早稻"威优49"丰产示范片。

第一次见到袁隆平，李罗斌高兴地迎了上去，两双与泥土稻穗打交道的大手紧紧地握在了一起。

听了李罗斌对"威优49"种植情况的简要汇报，袁隆平说："我们原先只有晚稻杂交组合，现在培育出了早稻杂交组合'威优49'，但还需要栽培试验和示范，所以让你们泉塘子来承担这个任务。从种植情况看，你们任务完成得很好，证明早稻完全可以种植杂交水稻。"

袁隆平接着说："你们下一步能不能搞个双季稻杂交组合种植示范？"李罗斌答应承担这个任务，并说："那我们就搞一个双杂配套高产栽培模式。"袁隆平说："这个名称好，就按这个模式来搞好示范，我全力支持！"

在田间，大家边看边谈，李罗斌向袁隆平和朝鲜客人详细汇报了"威优49"的播插期、栽植密度、每亩有效穗、每穗粒数、结实率等数据，并告诉大家，预计早稻亩产可过500公斤。听着李罗斌的介绍，看着稻田里一派丰收景象，参观者都啧啧称奇。

袁隆平更是十分高兴，没想到杂交早稻能够有这么高的产量，没想到李罗斌和泉塘子农技站做栽培示范有这么高的水平。临别时，袁隆平对李罗斌说："希望你们这个点继续搞下去，今后我的许多新组合都会放到你们这里作试验示范。"

1985 年 7 月 18 日，成了李罗斌永远不会忘记的日子。从这一天开始，李罗斌和泉塘子农技站在袁隆平的直接引领下，踏上了杂交水稻种植试验推广的新征程。

"杂交水稻之父"袁隆平领衔研究的杂交水稻，使水稻品种改良发生了革命性的变化，代表了世界水稻品种技术的最高水平，也吸引了全世界的目光。1986 年 10 月，首届国际杂交水稻学术研讨会在长沙召开。这次会议由联合国粮农组织和世界粮食计划署主办，由湖南省人民政府及省杂交水稻研究中心承办。会议将泉塘子农技站种植的"汕优 63"高产示范片作为观摩现场。

10 月 6 日，袁隆平陪同来自 30 多个国家的农业官员和专家学者，驱车来到泉塘子杂交水稻高产示范片参观。看到一大片高产示范田，听着李罗斌的介绍，观摩队伍里不时发出赞叹声。

第二天，也就是 10 月 7 日，李罗斌突然接到电话通知，说是研讨会的部分官员还要再到示范片看一次。不久，7 位世界著名水稻专家就来到了泉塘子，领头的是国际稻作研究所所长斯·瓦·米纳森博士。

米纳森博士通过翻译跟李罗斌说："李先生，昨天来参观的人太多，没来得及仔细看，今天我们几位同事特意再来参观，很抱歉，打扰您了！"

虽然对国际水稻专家的这个"突然袭击"有点意外，但李罗斌心里很快就明白了，这是几位国际水稻专家还不太相信杂交水稻有如此高的产量水平，更不相信这些杂交水稻是农技站指导农民种的。

李罗斌礼貌地对米纳森博士一行说："我们一起下田去看看吧，请各位专家多多指导！"

这些国际水稻专家可真不是来走马观花的，他们全都脱掉鞋子，打着赤脚，随李罗斌走进了稻田中，一蔸禾、一蔸禾地考察，特别仔细。

站在稻田里，李罗斌认真介绍了种植情况，包括插植密度、有效穗、结实率等，都一五一十地说得清清楚楚。可以看得出来，几位国际水稻专家的眼神，由疑惑，到兴奋，到最终信服。

临别时，米纳森博士对李罗斌说："请你代表我向这些农民致意，你们为世界粮食生产国做出了榜样！中国有句老话叫'上有天堂，下有苏杭'，就栽培杂交水稻而言，就该是'上有天堂，下有泉塘'了。"

听到国际著名专家这样高的评价，李罗斌感到，自己只是一个平凡的基层农技干部，做的是平凡的工作，没想到能为国家争光，为中华民族争光，真是无比的自豪。

三、大力推广两系法杂交稻

继三系法杂交水稻之后，袁隆平团队又向两系法杂交水稻进军。两系法杂交稻育种是袁隆平独创的以利用光温敏核不育性为主要内容的高技术，是继三系法之后水稻遗传育种的又一个重大科技创新。

过去三系法育种，需要不育系、保持系和恢复系相配套，困难在于很难找到强优恢复系与之配套，相当程度上需要靠机遇，而且育种程序和生产环节比较复杂，选育新组合周期长、效率低、速度慢，导致种子成本高、价格贵，影响大面积推广种植。

两系法则是不育系一系两用，在长日高温条件下可用于制种，在短日低温条件下可用于自身的繁殖，不需要借助保持系，因此能够大大简化繁殖、制种程序，降低种子生产成本。同时，由于两系法容易找到与之配套的恢复系，不育系与恢复系配组自由，配制强优组合的概率也增大，能够不断选育出杂交水稻优良品种。

尽管当时两系法杂交水稻的光温敏不育系在繁殖过程中还存在着漂移现象，但李罗斌坚信在袁隆平先生带领下，这些问题都会得到解决。两系法杂交水稻的发展，将是水稻产量和品质发展的又一个新的里程碑，他下决心要在两系法杂交水稻上有所作为。袁隆平也从泉塘子农技站多年试验推广杂交水稻的业绩中，加深了对李罗斌的信任和期望。因此，他们之间的往来越来越密切。

从1987年两系法杂交水稻成功后，李罗斌便组织农技站先后引进两系法杂交组合80多个，全面参与两系法杂交新组合的栽培试验，为袁隆平的新成果提供支撑服务。

在这个时期，袁隆平每年都要来泉塘子农技站考察和指导新组合试验。每次袁先生来考察的时候，总是让李罗斌先谈谈对新组合的看法，就像老师出题考学生一样，凑巧的是，几乎每次李罗斌的回答都能够与袁先生的想法基本吻合。

1995年，李罗斌组织农技站在棋盘、尚泉两个村种植了1 669亩两系法杂交水稻高产示范片。9月，袁隆平又来到现场考察，他把1 600多亩稻田全走了个遍。当时晚稻处于灌浆成熟期，禾苗生长整齐一致，叶青谷黄，黄丝亮秆。袁隆平十分满意，他拍着李罗斌的肩膀说："你们后期管好水，防治好病虫，这个示范情况我回省里会向省政府及相关部门汇报。"

两天后，当时分管农业的副省长庞道沐率省直有关部门负责人来到现场进行考察。庞副省长看后非常高兴，当即作出指示，要求全省各个地市党委、政府分管农业的负责人，亲自率农业部门人员到泉塘子来参观两系法杂交水稻。他还当场批给泉塘子农技站20万元示范经费。

省里通知一下，全省各地来参观的队伍便络绎不绝，农技站成了接待站，李罗斌成了讲解员。当时站里包括做饭的一共13人，全都安排带路去现场参观。

参观考察者中，还有许多领导同志。第八届全国政协副主席吴学谦来到现场考察，看到前来参观学习的人员络绎不绝，对李罗斌说："你们这个高产示范片搞得很好，真正起到了典型引路的作用。"在农技站的展览室，他亲笔题字"科技兴农"，勉励李罗斌继续办好泉塘子农技站。

时任湖南省委书记的王茂林来泉塘子作考察调研，提出要在李罗斌家里吃午饭，席间用农村自酿的米酒单独敬了李罗斌三杯。在当年的湖南省科学技术大会上，王茂林书记专门表扬了泉塘子乡农技站。

湖南省人大常委会副主任齐寿良当时也专程来到泉塘子示范基地考察，他曾经担任过湘潭地委书记，对湘潭农业情况很熟悉。看过稻田里的禾苗，他感慨道："我从事一辈子农业，还没有看到过种植得这么好的水稻。袁隆平先生的杂交水稻新成果真是了不起，能够解决老百姓吃饭问题。泉塘子农技站同样了不起，我为我工作过的地方出了这样的先进农技站而感到高兴！"

这一年，除棋盘、尚泉两个村的1 669亩核心示范区外，泉塘子农技站在其余9个村共指导种植两系法杂交水稻5 400多亩，试种品种11个，全面验证了两系法杂交水稻的丰产效果，为袁隆平杂交水稻新成果提供了大量田间数据。袁隆平也高度关注泉塘子农技站的试验和示范，一年当中先后 7 次来到这里考察指导。

1996 年，李罗斌和农技站继续对袁隆平院士的两系法杂交水稻主栽品种及其新组合进行中试和示范，效果都非常好。

9 月份，李罗斌接待了来自大洋彼岸的美国农业部、美国水稻工程技术研究中心的官员和科学家。在丰产示范片参观完毕后，湖南卫视一位记者通过翻译问美国农业部副部长："副部长先生，你看了泉塘子种植的水稻，你认为中国人能解决自己的吃饭问题吗？"

记者问这个问题是有特殊含义的，就在这批美国人访问泉塘子之前，美国的一个布朗研究小组刚刚发布预测：认为中国人口增长，耕地减少，必定出现粮荒，未来将有众多饥饿的黄色中国人涌向世界各地，世界将会出现新的"黄祸"。一时间，"中国人能够养活自己吗？"成为世界性话题。

美国农业部副部长当然知道记者问话的针对性。面对繁盛壮硕的稻谷海洋，这位副部长沉吟片刻说道："现在看来，你们中国人依靠科学技术，是能够解决吃饭问题的。"

这番对话，等于给了"新黄祸论"一记响亮的耳光。采访节目通过新闻媒体很快在国内外播出，对宣传中国农业新科技、宣传中国杂交水稻、宣传中国国家形象，起到了很好的作用。

回到农技站，在晚间例会上，李罗斌高兴地对大家说："不要小看我们就种了几亩田，实际上是在为国家、为民族做贡献！"

紧接着在 10 月份，菲律宾农业部部长埃德蒙率领一批农业官员和专家学者来到泉塘子考察杂交水稻。部长先生与李罗斌一见面就说："我在菲律宾就听说有个泉塘子农技站。"他们兴致勃勃地参观了泉塘子农技站的试验示范田，对这里的杂交水稻种植水平称赞有加。

四、袁隆平：我的压台戏在泉塘子

1998 年，国家"863 计划"两系法杂交水稻应用推广会在湖南长沙召开。会议安排了多处参观现场，袁隆平院士特意吩咐将泉塘子作为最后一个参观点。在上车前往泉塘子时，袁隆平高声对与会人员说："我的压台戏在泉塘子！"

这些国内顶级农业科技专家看到泉塘子农技站的高产示范片，都称赞种植水平高，丰产效果好。

在泉塘子村种植有约 200 亩"香两优 68"，这是袁隆平主持开发的一个优质组合。大家看到这个丰产片，眼前一亮。李罗斌向专家们介绍了该品种的特点、米质和栽培情况。"863 计划"两系杂交稻技术研究与中试开发项目首席科学家、湖北省农科院杂交水稻工程技术研究中心主任卢兴桂先生高兴地说："我先后 5 次来过泉塘子，你们可以称得上是中国两系法杂交水稻第一乡！"

在这次大会上，李罗斌就两系法杂交水稻的种植试验和示范推广作了专题发言。

辛勤耕耘，勇于试验，大力推广，李罗斌在袁隆平院士指导下，为两系法杂交水稻的中试和推广做出了不平凡的贡献。到 1998 年年末总结，泉塘子杂交水稻示范基地的栽培示范种植，实现了"四个最"：

一是示范基地建立最早。从 1990 年开始，泉塘子就被确定为全省的两系法示范基地。9 年中，共引进、筛选、试验、示范两系法杂交稻组合 80 个，通过试验观察，分析归纳，掌握了大量的第一手资料，为完善栽培技术和探索高产规律提供了科学依据。

二是示范推广力度最大。两系法杂交稻的推广面积由 1990 年的 347 亩发展到 1998 年的 12 600 亩，其中早稻两系法品种栽培 3 400 亩。泉塘子乡早、晚两季中，种植两系法杂交稻分别占总面积的 27% 和 82.4%。由此辐射湘潭市 1998 年晚稻两系法杂交稻推广 46.5 万亩，占晚稻总面积的 30.2%，这个比例居全省第一。

三是单位面积产量最高。1995 年经省、市联合验收，百亩以上两系法杂交稻丰产片平均亩产达 645.6 公斤，攻关丘的亩产达 775.17 公斤，创当年湖南省连作晚稻单产之最。

四是传播影响最大。几年中，泉塘子农技站累计接待了国内各省市区 1.8 万人次现场观摩和 68 国（次）农业官员、专家、学者参观考察，推动了两系法杂交水稻在国内外的扩大种植。

第五章 ◇ 再战超级杂交稻

一、种好超级稻

1996 年，国家启动了"中国超级稻育种计划"，计划分三期实现水稻高产目标，即 2000 年水稻单产达 700 公斤，2005 年达 800 公斤，2015 年达 900 公斤。目标一旦实现，将大幅度提高我国水稻产量，彻底解决中国的粮食问题。

这个计划由袁隆平院士提出并主持，为此，他提出了形态改良和利用杂种优势相结合的技术路线，并将由此培育的优良品种统称为"超级稻"。

袁隆平解释这一技术思路时打了个比喻：所谓形态改良，就是要塑造一个理想的株型，让水稻像姚明一样有个好体型；所谓杂种优势，就是不能虚胖，要体力充沛。他想象未来的水稻植株将会是人们可以在下面乘凉的，这也是袁隆平"禾下乘凉梦"的由来。

李罗斌作为袁隆平院士科研推广的得力助手，自然也加入到了超级稻计划实施当中。从 1997 年开始，泉塘子农技站将一些苗头组合进行中试、示范，筛选出一批较好的品种，如早稻优良组合"潭两优 83""株两优 819""陆两优 996"，晚稻优良组合"两优 0293""超优 900""超优1000"等。

2003 年，李罗斌率先提出了"双季超级杂交稻配套高产栽培技术研究与示范"的科研课题，简称"双超配套栽培模式"。在他看来，超级稻计划的目标是实现高产，而要高产，就既要有好的品种，还要有好的配套栽培技术，尤其是大面积推广超级稻的时候，为广大农民提供先进的栽培技术，意义十分重大。

这个研究课题得到了袁隆平院士的高度认可，其后向湘潭市科技局申报立项，列为农业科技重点项目，并在棋盘村棋盘组设立了100亩的超级稻栽培技术高产示范片。

2003年9月19日，袁隆平院士来到泉塘子农技站考察双季超级杂交稻配套栽培高产示范片，同行的还有两位外国水稻研究专家。

李罗斌向袁院士一行介绍了杂交水稻P88S/0293（2006年国家审定命名：两优0293）组合的生长情况：在精心栽培和管理下，这一组合结实率达到93%～95%，千粒重25.5克，已经收获的早稻亩产近700公斤，晚稻亩产预计可达800公斤。他说："农民栽培这样的杂交组合，是一季成本，两季产量。"

袁隆平听后频频点头，然后用英语对同行的外国专家说："像长势这么好的禾苗，亩产800公斤不成问题，这一杂交组合一旦在全国推广，中国人的粮食将实现自给。"

袁隆平夸赞李罗斌的栽培模式效果好，认为泉塘子示范基地在全国20来个百亩片中是首屈一指的。他特别嘱咐李罗斌，将超级稻生长后期的有效穗、结实率等参数进行更加精确的摸底，届时他将通过农业部、科技部，组织国家级专家到现场验收。

10月9日，农业部科技教育司组织中国农业科学院中国水稻研究所、武汉大学等单位的7名专家，来到泉塘子，对湖南省杂交水稻研究中心培育的P88S/0293组合泉塘子百亩示范片进行现场验收。验收结果是泉塘子示范片超级稻亩产达到807.46公斤，表明该组合与超高产栽培技术配套示范，实现了超级杂交稻二期亩产800公斤的高产攻关目标。

按照袁隆平院士的超级稻理想株型与杂种优势相结合的技术路线，李罗斌坚持进行双季超级杂交稻配套高产栽培技术探索，先后引进早稻"潭两优215"、晚稻"C两优396""P88S/747""国稻6号"等品种进行中试、示范，逐步总结出了"三壮""三匀""三高"的栽培技术要领。

李罗斌说，"三壮"是指壮秧、壮苗、壮秆，"三匀"是指匀蔸、匀肥、匀穗，"三高"是指整齐度高、结实率高、充实度高。对此，袁隆平院士给予高度评价。

如果说有的人是把科技论文写在大地上，那么李罗斌就是这样的一个！

二、双超配套栽培模式

李罗斌和泉塘子农技站从2003年起开展了"双超配套栽培模式"项目，不断总结完善，逐步成型。

2007年9月28日，湘潭市科技局主持组织了"双季超级杂交稻配套高产栽培技术研究与示范"项目验收会，经评审认为，数据真实可靠，提出了一整套双季超级杂交稻综合配套栽培技术，为超级杂交稻的健康稳步发展提供了技术支撑。建议进一步扩大示范面积，加速双季超级杂交稻推广步伐。

同年11月，在未设农业科技进步一等奖的情况下，该项目获得湘潭市科技进步二等奖。

"双超配套栽培模式"项目是李罗斌带领农技站通过多年实践摸索，总结出来的一套超级稻高产栽培技术方法。它综合了良种、良法、良田、良态等多个要素，提出超级稻高产栽培要以品种为前提，以壮秧为基础，以合理稀植、精确控苗为核心，以好气灌溉、科学施肥、综合防治为支撑。

在几年时间里，李罗斌立足本地实际条件，组织开展了双季超级稻的品种筛选、搭配模式、施肥水平、病虫草害综合防治等多项研究。经过他们的实践研究，筛选出早稻"株两优819""陆两优996""株两优02"和晚稻"C两优396""Y两优1998""超优900""超优1000"等，是属于比较适合于湘中南地区种植的超级杂交稻品种及搭配模式。

种植双季超级稻有一个难题，如果早稻成熟较晚，就会影响晚稻种植季节。李罗斌为此进行了专项试验研究，掌握并提出了软盘旱育、敌克松（全称：对二甲基氨基苯重氮磺酸钠）土壤消毒、双膜双拱覆盖保温、适当增加用种量、施用低氮高磷钾复合肥等技术措施。这些研究成果，对早稻提早成熟起到了很好的促进作用。

这3年中，项目核心区共示范双季超级杂交稻1638亩，经测产验收，早稻平均单产585.2公斤，晚稻平均单产621公斤，双季平均亩产达到1206.2公斤。这一栽培模式辐射全市推广面积111.42万亩，早稻平均单产522.3公斤，晚稻平均单产552.5公斤，双季平均亩产达到1074.8公斤。累计增产稻谷4617.3万公斤，新增纯收入6577.8万元，经济效益和社会效益显著，超额实现了预期目标。

2008年6月27日，泉塘子农技站迎来了一个重要而喜庆的时刻：由袁隆平院士亲笔题写的"国家杂交水稻工程技术研究中心泉塘子中试示范基地"正式授牌。李罗斌和泉塘子农技站20多年孜孜不倦从事杂交水稻示范推广，得到了最好的认可和褒奖！

2008年9月，第五届国际杂交水稻学术研讨会在长沙召开。9月13

日，在袁隆平院士的带领下，来自联合国粮农组织、国际水稻研究所等国际机构和美国、印度、越南等 20 多个国家水稻研究领域的专家、学者，特意来到泉塘子杂交水稻中试示范基地参观考察。

中试示范基地展示杂交晚稻新组合共 95 亩，有"两优 0293""国稻 6 号""特超 001""Ⅱ优 623""广湘 24S/R5""常优 3 号""中新 A/9339""中浙优 1 号"等 21 个品种。连片的高产示范田里，各种杂交稻组合长势喜人，竞相媲美，充分展示了我国杂交水稻发展的丰硕成果和基层农技站不俗的栽培技术水平，引来参观者们啧啧称赞。

这些外国客人，穿行在示范田中，流连忘返。他们以金黄色的稻田为背景，纷纷与袁隆平院士合影留念。对袁隆平院士在杂交水稻上所做出的贡献，大家的尊敬之情，溢于言表。

参观结束时，袁隆平院士拍了拍李罗斌的肩膀，亲切地说："李劳模，你这个展示的现场比我想象的好，辛苦了！"

三、为了"吃好"

推广杂交水稻最初的目的是提高产量，解决人吃饱的问题，但最开始的籼型杂交水稻口感并不好。随着社会的发展和人民生活水平的提高，不仅要吃饱，还要吃好，成了农业科技进步的重要课题。

李罗斌在示范推广杂交稻的过程中，一直关注"吃好"的问题，关注袁隆平团队杂交晚粳的研究。从 2008 年起，他每年都引进杂交晚粳组合进行示范种植，累计推广种植面积达到 12 000 多亩，不断摸索着杂交稻优质品种的栽培技术。

2014年，根据国家关于中粳稻生产适宜区"籼改粳"以及启动长江中下游双季稻区"早籼晚粳"的精神，为进一步调整粮食结构，提高稻米品质，增加农民收入，湖南省农业厅决定在全省组织开展粳稻超级稻试验示范。泉塘子农技站因为已有多年示范种植杂交晚粳组合的经验，被确定为双晚粳稻试验示范点。

李罗斌接受试验示范任务后，组织农技站共引进12个杂交粳稻高产新品种，总示范面积527.7亩，为全省种植面积最大、品种最多的示范点。

在试验示范方法上，李罗斌采取小区品比试验与大面积品种示范相结合，逐步推进。其中的小区品比，每个品种种植0.21亩，同于6月12日播种，7月15日移栽，精心培育，科学管理，认真记录各项数据。

9月24日，湘潭市专家组田间调查预测结果显示，一季晚粳和双季晚粳示范的效果喜人。其中，泉塘子村义二组农户聂磊明种植的一季晚粳，亩产达到936公斤。梅花村和尚泉村农户种植的7丘双季杂交晚粳稻，平均亩产达到715.4公斤，而同期作对比研究种植的一丘常规晚粳，亩产为591.4公斤。示范证明，双季杂交晚粳比杂交籼稻每亩可增产50～100公斤，比常规晚籼每亩可增产100～200公斤。

10月14日，由时任湖南省农委总农艺师的刘年喜带队，中国水稻研究所、省农科院、湖南农业大学等单位50多名专家、学者组成的观摩团，抵达泉塘子农技站粳稻新品种示范基地。大家对12个参试品种的长势、结实率、有效穗等，进行了仔细观察和记录。李罗斌详细介绍了每个品种的播种期、移栽期、理论产量与实际产量、米质等有关情况。专家们对泉塘子农技站所做的粳稻超级稻试验示范工作表示满意。

在2014年度超级杂交稻"三一"粮食高产工程项目实施中，泉塘子农技站因表现突出，被国家杂交水稻工程技术研究中心、湖南杂交水稻研究中心评为"先进示范基地"。

杂交水稻技术是一个不断创新的过程。第一代是三系法杂交稻，因为存在着不育系配组受限的缺陷，才有了第二代两系法杂交稻，产量和米质有了一个飞跃。袁隆平团队选育出第三代杂交水稻，又将会是水稻产量和米质一次大的提高，它将寄托着让人类远离饥饿、吃饱吃好的希望。

2018年11月7日，袁隆平院士亲自打电话，请李罗斌去一趟他的办公室。李罗斌来到省杂交水稻研究中心办公室，袁院士向他重点介绍了第三代杂交水稻小区试验的情况：按小区试验的结果，每亩颖花数可以达到5 000多万，增产潜力很大。

袁院士要求泉塘子农技站，从2019年起，每年种植不少于30亩的第三代杂交水稻中试示范和高产展示片。他希望通过共同努力，让第三代杂交水稻再上一个台阶。

按照袁隆平院士的嘱托，李罗斌把农技站中试示范的重点放到了第三代杂交水稻的高产栽培攻关上。

2020年7月12日和11月8日，省杂交水稻研究中心组织有关专家，对湘潭市的双季稻超高产攻关田分别进行了早稻和晚稻的测产验收。测产验收结果为，早稻平均亩产553.9公斤，晚稻平均亩产824.2公斤，双季平均亩产达1 378.1公斤。

李罗斌说：按现在粮食的增产潜力，第三代杂交稻若能成功并大面积推广种植，将为人类粮食生产做出新的重大贡献。

四、劳模和院士友谊情深

在为杂交水稻事业奋斗的过程中，李罗斌与袁隆平院士由相识到相知，结下了浓厚的友情。

李罗斌称呼袁隆平"袁老师"，袁隆平叫李罗斌"李劳模"。

李罗斌第一次听说"袁隆平"的名字，是在 1971 年湘潭县旱粮制种技术培训班上。上课的老师介绍国外利用杂交优势培育出了杂交高粱，李罗斌便在课堂上提问："高粱能够实现杂交优势利用，那么水稻能不能够也搞杂交呢？"

老师回答："听说怀化的安江农校有位叫袁隆平的老师，正在研究杂交水稻。"

从此，"袁隆平"的名字就深深地留在了李罗斌的脑海里，直到 1985 年，李罗斌第一次见到袁隆平。

袁隆平和李罗斌，为了一个共同的粮食高产梦想走到了一起，从此便成了田间地头并肩奋斗的战友，也成了至情至性的朋友。一位是杂交水稻的发明家，一位是杂交水稻的田间试验者和推广者，他们把全部心血倾注在杂交水稻上。一位是"共和国勋章"获得者，一位是全国劳动模范，他们心心相印，携手前行，在广袤的田野上，共同谱写着让人类远离饥饿的动人篇章。

李罗斌笑称自己也曾年轻气盛，有过不知天高地厚的时候。20 世纪80 年代，在自主办站、自负盈亏的压力下，李罗斌和农技站的员工们也想培育出一个杂交水稻新品种来，觉得只要成功，农技站自负盈亏就是小菜一碟。

1987 年，袁隆平带来一些他认为有培育苗头的组合，让泉塘子农技站试种，听了李罗斌他们自己育种的想法，他说了一句意味深长的话：搞杂交水稻，需要知识＋汗水＋灵感＋机遇。

袁隆平特意提到了机遇。他说："当初发明杂交水稻，理论上已经是可行的，但如果没有我的学生李必湖偶然间找到了几株'野败'，杂交水稻将仍然是纸上谈兵。科学发现经常是可遇而不可求，没有机遇，有的人一辈子也搞不出一个好品种。你们农技站不要再搞育种了，还是要搞推广。"

李罗斌后来回忆这件事情说，这使我的人生方向发生了重大改变，听袁院士的话是对的。

李罗斌善于观察总结，袁隆平高屋建瓴给予指导，两人在一起，话总能说到一块去。

袁隆平十分关注杂交稻新品种新组合的试种情况，多次来到泉塘子观察了解。有一次，李罗斌陪着袁隆平察看棋盘村的一块"C 两优 E32"和"C 两优 396"对照试验田，两人在田埂上边看边聊。

袁隆平问："李劳模，这两个品种的生长表现都不错，但你认为哪个品种会更好一些？"

李罗斌说："我认为决定粮食产量的因素主要有 4 个，就是有效穗、每穗总粒数、结实率和千粒重。其中千粒重更为重要，如果千粒重太低，产量很难上去。从我观察的情况看，E32 的千粒重相对较低，'C 两优 396'很有发展潜力。"

院士和劳模这样专业而坦诚的交流，持续了整整 30 多年。李罗斌先后无数次到省杂交水稻研究中心，拜访袁隆平院士及各位专家。袁隆平先后 39 次来到泉塘子农技站，每一次来，既带来了对李罗斌的支持和鼓励，也得到了李罗斌在试验推广一线摸索的真实情况。

袁隆平对李罗斌有着真诚的信任，总是鼓励李罗斌和农技站大胆试验，大胆创新。

袁隆平推出超级杂交稻后，提出了"种三产四"（即种三亩地产出四亩地粮食）的目标。李罗斌积极响应，率先提出"双季超级稻配套栽培模式"，经过多年实践，探索出超级杂交稻"确定目标产量，实行动态栽培"的高产栽培技术体系，在湘潭市推广 111.42 万亩，平均亩产达 1 094.8 公斤，大幅度提高了粮食产量。这一新的栽培技术体系得到袁院士高度肯定，他多次称赞说："李劳模开创了超级稻推广的新格局，完全能够突破超级稻'种三产四'的目标。"

袁隆平多次来泉塘子农技站，农技站的员工们都十分敬佩袁院士，希望也有机会去省里拜访他。

1996 年 8 月的一天，李罗斌带领农技站全站员工一行共 20 多人，来到省杂交水稻研究中心。袁隆平早早就站在大门口迎接，招呼大家到接待室坐下，听取工作人员对杂交水稻研究中心的介绍。其后，袁院士又亲自带大家到试验田里参观，还亲自讲解。他的讲解明白易懂，还用了一些生动比喻，引得大家发出阵阵笑声。

参观回来后，袁隆平安排大家在研究中心食堂吃午饭，并交代办公室：伙食要搞好点。他对李罗斌说："李劳模，你晓得我从不在外面吃饭，我就不陪你们了。"袁院士同大家招手告别。不料，过了一会儿，他又噔噔噔地赶了回来，吩咐他的秘书戴牛松："戴牛*，李劳模是喝酒的，你要陪他们喝点儿好酒啊！"

---

* 袁隆平院士口头上称他的秘书为"戴牛"。——编者注

听了袁院士这番话，李罗斌和农技站的员工们心里很是感动，暖暖的。

1998年9月的一天，听说袁院士又培育了几个好的杂交水稻新组合，李罗斌来到省杂交水稻研究中心。袁院士正在办公室办公，见到李罗斌来了，马上起身，又是泡茶又是递烟。因为当年又是一个丰收季，两人聊起杂交水稻生长情况，心情格外地愉快，聊得十分投入。

聊着聊着，袁院士忽然站起身，兴奋地说："李劳模，等下子你坐我的汽车，去看你说的那几个新组合。"李罗斌有些惊讶："袁老师，你会开车了？"袁院士笑笑："等下子你一坐就会晓得。"说罢，领着李罗斌来到院子里一台小汽车旁，先让李罗斌上了车，自己才坐上驾驶座。

在开往试验田的路上，望着年近七旬的袁院士那么轻松开车的样子，李罗斌不由得有些幽默地说："袁老师，我今天享受了最高的待遇，院士给我开车。"

李罗斌笑着对袁院士说："袁老师，你原先走路上班下田，后来骑单车，然后骑摩托车，今天你又开起了汽车，等你买了直升飞机，到时候我也要来坐坐！"这话逗得袁院士哈哈大笑起来。

2013年4月8日，超级稻新组合观摩会在海南召开，与会代表来到袁隆平院士在三亚的南繁基地，参观超级稻的"苗头组合"。大家沿着田塍边走边参观，李罗斌走在队伍的最后面，远远地看见袁院士正陪着农业部部长韩长赋走在最前头。

突然，李罗斌听到袁院士招手在喊："李劳模，你过来！"李罗斌不知何事，急忙从田中间插过去。原来，袁院士是要向韩部长介绍李罗斌。他说："这是李罗斌，是全国唯一的处级基层农技站站长，长期从事杂交水稻的示范和推广，是全国劳动模范。"韩部长笑容满面地与李罗斌热情握手，夸赞道："不错，农技站站长也可以提拔为处级干部，肯定成绩不小！"

2016年，袁隆平院士又交给李罗斌一个"任务"，说广西灌阳的超级稻适合种"再生稻"，你去那里参观一下。按照袁院士的要求，李罗斌立即去了广西灌阳，回来之后，第二年就在泉塘子推广种植了100多亩"再生稻"，达到了高产优质的效果。

同年9月27日，87岁高龄的袁院士到湘潭县射埠镇考察，去之前就打电话同李罗斌约好："李劳模，我先去射埠镇，回来再到你站里吃中饭。"李罗斌说："路途遥远，您就别饿着肚子赶路了。"袁院士说："哪怕再远，我也会来你这里！"

袁院士的话，让李罗斌生出几分感动。他知道袁院士是把泉塘子农技站当成了自己的家啊，他更明白袁院士是要试试"再生稻"米质到底怎么样。

中午时分，袁院士赶来了。在吃饭时，他细细品味着被命名为"忠香优丽晶"的再生稻米，连声夸赞道："这才是真正的优质米！"李罗斌感到很欣慰。

2020年12月，为了集中人力、物力办好"第三代杂交水稻高产攻关示范点"，湖南省杂交水稻工程技术研究中心决定将过去的十多个点精简为几个点。在几次讨论方案时，袁隆平院士都提出第一个要保留的就是泉塘子农技站这个点。

2021年5月22日，91岁高龄的袁隆平院士溘然长逝。噩耗传来，李罗斌悲痛万分，泪如雨下。第二天，他前往长沙悼念，送师长兼好友最后一程。

一粥一饭，当思来之不易。半丝半缕，恒念物力维艰。那几天，来农技站请李罗斌追忆袁隆平事迹风范的媒体记者不少，李罗斌深情地对记者们说："巨星陨落，天下皆悲。只有饿过肚子的人，才晓得袁隆平先生的伟大！"

从 1985 年起，从"三系"到"两系"，再到"超级稻""第三代杂交稻"，泉塘子农技站的示范推广，可以说贯穿了袁隆平院士杂交水稻伟大创造的全过程。回想着与袁先生亦师亦友的 36 载深厚情意，李罗斌只觉得泉塘子的田间地头都永远留着袁隆平院士的梦想、汗水和深情……

第六章 ◇ 办好农技站的诀窍

一、立足服务办实体

1993 年 4 月 19 日，时任国务院副总理的朱镕基到泉塘子农技站视察，曾经向李罗斌问道：你们不赚农民的钱，有时还要倒贴，那这贴的钱怎么解决？

是啊，农技站不仅为农民服务要经常贴钱，而且站里多的时候有几十号员工，工资福利要发，工作要正常运转，解决资金来源是作为站长的李罗斌最费神的问题。

李罗斌说，我一辈子不沾钱，但我一辈子都在跟钱打交道。没有正常的运作经费，农技站搞科技推广，为农民服务就是一句空话。

20 世纪 80 年代初，泉塘子农技站自负盈亏，自主办站，采取技术承包和农资承包的方式收取适当费用，虽说是一种创新，但同时是面临"线断、网破、人散"特殊情况下的一种不得已的行为。向农民收取了一点承包费，赚的也是一点点微利，对整个农技站的农技推广事业只是杯水车薪。

即使如此，李罗斌还是感激这段岁月。他说，当自己把自己逼到悬崖边上的时候，必须想尽办法，向死而生。我们为农民服务算的是社会效益账，但我们要生存，要发展，还得算经济账。

于是，为了农技站门市部能够进到价廉物美的农药、化肥、种子，李罗斌带领员工几乎走遍各个地方的农药厂、化肥厂和种子公司，找领导批条子，搞指标，跑酸腿，磨破嘴，只要能够赚到些微利就行。

有的时候，还不惜撕破脸皮打官司。

1995 年，通过一家种子公司，从外地引进一种杂交组合的种子，提供给农民后，种了 300 多亩，结果禾苗生长不好，造成减产。经检测，这批种子纯度仅为 93%，而正常纯度应为 96% 以上。

农技站与农户签订了技术承包合同，种子纯度不达标导致减产，农技站必须赔偿农户的损失。虽然那家种子公司是多年合作伙伴，但为了农技站和农民的利益，李罗斌坚决打了一场官司，最终判决种子公司赔偿损失 20 万元。

事后，李罗斌召开农技站员工会议，自己带头作了检讨，认为教训很大，大家都要深刻反思，今后必须依法经营，禁止与假冒伪劣的不良商家打交道。

李罗斌解决农技站经费来源的创新思路是"以企养站"。这也是他当时回答朱镕基副总理提问时所说的，农技站办了两家企业，用企业利润补充农技站经费所需。

当年正是兴办乡镇企业最热闹的时候，李罗斌想，我们为什么不搭上这趟车？为此，他和农技站员工们利用本地资源，招商引资，尝试办了好几家企业。有的成功了，有的失败了，有两家企业则长期办了下来，支撑农技站度过了十多年比较艰难的岁月。

1992 年，李罗斌看到靠近城郊的乡林场有着良好的林水资源，却一直空闲着，于是，向乡政府提出，由农技站承包租赁下来。

经乡政府批准，农技站投资 50 多万元，在林场建立了一个特种养殖场，引进几内亚珍珠鸡、法国富贵鸡、贵州黑凤鸡以及乳鸽、牛蛙、脆肉鲩鱼等动物品种。

除自己养殖外，还采取"养殖场＋农户"的经营模式，由养殖场提供种苗，交由周边农户养殖，再由养殖场负责回收、加工、销售，既为农民开辟了一条致富新路，也增加了站里的收入。李罗斌后来说，这实际上是开了"公司＋农户"经营模式的先河。

养殖场购买设备办了加工厂，将各种畜禽的肉及其副产品加工成熟食制品向外销售，提高了附加值。尤其是贵州黑凤鸡，具有丛冠、凤头、凤腿、五爪、黑毛、黑皮、黑头、黑骨、黑肉、黑舌、黑肝等特点，民间有"滋补胜甲鱼、养颜赛珍珠"的说法，加工销售后很受欢迎。

因为地处林场，林木茂密，又有一座800多亩水面的跃进水库，农技站在特种养殖场的基础上，办起了农家乐，这在当时也是开了乡村旅游的先河。农家乐每年的接待量达2 000人次以上，带来了新的经济增长点。

特种养殖场和农家乐从1992年办到1998年，李罗斌又有了新的想法。他受当时刚刚兴起的"观光农业""休闲农业"的启发，引进一家民营企业投资，陆续投入6 000多万元，把林场和水库办成了"白鹭湖农博园"。

农技站成功兴办的另一家企业是固化剂厂。1989年，李罗斌通过有关方面牵线搭桥，引入湖南大学化工研究院的一项科研成果，开办了这家企业。企业规模不大，但附加值高，每年上交的利润为农技站提供了不少的经费。

李罗斌就是这样一个人，思路开阔，创新意识强，对农技站有利的事情，都想试着干一下。正如他所说，人不能被尿憋死。困难当头，敢想敢干，越是困难越向前。

正是凭着这样一股闯劲，泉塘子农技站越办越红火，在潮涌潮退之中始终挺立潮头。

二、能力建设很重要

泉塘子农技站之所以被誉为"农业科技推广战线上的一面旗帜",除了在改革创新和农技推广上做出卓越成绩之外,还在于重视提高管理水平,加强能力建设。

李罗斌说,农技站麻雀虽小,五脏俱全,如果没有严格有效的管理,没有自身能力的加强,就会成为一盘散沙,失去凝聚力和战斗力。

几十年来,泉塘子农技站坚持党建引领,心系农民,艰苦奋斗,严格管理,形成和坚持了一套行之有效的管理制度和工作方法。

在李罗斌的带领下,农技站每星期一的站长会议制度雷打不动,职工下乡服务的活动日记和汇报制度雷打不动。这些看上去都是"软"实力,但日积月累,就转化成了"硬"实力。

本书引用 2000 年李罗斌在农业部召开的基层农技站能力建设研讨会上的一个发言,原汁原味地反映泉塘子农技站是如何加强能力建设的:

农业靠科技,科技靠推广,推广靠网络。现行的农业技术推广网络是三级(县农技推广中心,乡农技站,村农科组),我认为乡镇农技站是这三级中的龙头,农业科技上再好的技术,再好的成果,都得通过乡级站来推广。因为直接发号施令的是他们,走村串户、具体实施的也是他们,办各种培训班的是他们,下队检查指导督促的也是他们。他们长期风里来,雨里去,与农民战斗在一起,农民也信得过他们。但是,每个乡镇农技站只有 1 名国家农技干部,主体是 2 ~ 3 名农民技术员,他们干着头等光荣的事业,享受着最低等的生活待遇,至今还在背着"米袋子"搞科研。现在的乡镇农技站是县乡共管，县乡共管实际上处于无人管理的状态，属乡镇管的时候还经常把农技人员调去从事一些与业务无关的中心工作。

小平同志曾提出，从事科研业务方面的同志要六分之五的时间从事业务方面的工作。为了摆脱纷繁复杂的中心工作，我们站从 1982 年起就从乡政府独立出来，一心一意扑在农业技术推广工作上。这次农业部单独就加强基层农技站能力建设进行研讨，实在是太重要了。根据我从事农业技术推广工作30 年来的体会，我认为必须从五个方面加强基层农技站能力建设。

一是农技站自身能力建设。农业技术推广需要有一定的财力、物力、人力，农技站没有实力就很难搞好这项工作，所以我们依靠技术承包起家，靠系列化服务发家，积累了一定的经济实力。推广人员由 3 人增加到 8 人。在省、市、县三级农业部门的支持下，独立建了一栋 700 多平方米的办公楼（含住房），既满足了工作的需要，又解决了农技干部的居住条件，使农技人员再不是"远看像要饭的，近看像烧炭的，一问才知道是农技站的"形象，使他们"办公有了桌，睡觉有了窝，回家有老婆"。人员的工资、福利待遇优于乡镇干部，还为他们买了养老保险。正如 1988 年 3 月湖南省委书记毛致用来我站调研后，在省委常委扩大会议上所总结的："泉塘子立足服务办实体，办好实体促服务，走自我武装、自我发展、自我完善的道路，解决了责任制后一家一户办不了也办不好的事，泉塘子把这条路走通了。"

二是一专多能的业务能力建设。作为基层农技站可以说是开"杂货铺"，所以要求农技干部不仅要掌握农民所需求的粮食作物的专业技术，其他关于经济作物、蔬菜、畜牧、水产等方方面面的知识都要掌握一些。就是在粮食作物这块，也不能分种子、植保、栽培，如果农民请教你的时候，你一问三不知，推脱说我只是学什么的，其他的不清楚，那么你在老百姓心目中就失去了威信和信用。只有一专多能，老百姓才会相信你，才能服务好农民。

三是依法行政能力建设。现在再不是靠行政手段来搞技术推广的时代了，必须适应向法治社会发展的趋势。拿我们从事的农业技术推广来说，就涉及《农业法》《农业技术推广法》《种子法》《农药管理条例》等相关法律法规，这就要求农技人员自己必须学习好涉农的相关法律法规及地方的政策法规。这个能力一定要在我们每位农业技术推广人员心中扎根，一定要依法搞好农业技术推广。农业是和大自然打交道的行业，农业收成与天气、气候等因素息息相关，用我们的俗话说就是"天老爷掌了一大半的本"，特别是在农业技术推广中，如果涉及要签订合同协议的，一定要把不可预计的自然灾害因素考虑在内。如果不懂这些法律法规，恐怕是常常会要当被告，"吃不了兜着走"。学法、懂法才能用好法，依法行政是各个行业必须遵循的。

四是创新能力建设。创新是一个民族进步的灵魂，是一个国家兴旺发达不竭的动力，也是一个政党永葆生机的源泉。所以在农业技术推广上也不能墨守成规，要有创新精神。首先，观念要创新，不唯上、不唯书、只唯实。根据本地情况，实事求是。农业生产的三性（连续性、季节性、区域性）上的区域性很重要，习惯于只听上面的，听鼓下桡，是不行的。必须始终以农民增产增收、致富农民为目的。其次，在推广的方式方法上也要创新。我常说："喊破嗓子不如做出样子！"可以有意识地培养一些科技示范户和示范片，大家能够看到实实在在的效果，自然就会跟着来。还有些农民受思想和文化程度限制，暂时接受不了我们认为比较好的方法和技术，像这种情况就可以采取跟他技术承包的方式，解除他的后顾之忧。我们站的发展就是靠不断创新才一步一步走到今天。

五是协调能力建设。谈到协调能力建设，大家可能会问，你一个小小的基层农技站，你要协调什么？就我个人的体会是，协调能力建设对一个基层农技站太重要了。

第一，要协调好与各级领导的关系。按照现今中国的国情，领导如果重视，甚至包括比芝麻官还小的作业组长重视，就什么事情都好办。在农业实行责任制以前，是靠行政手段来搞农业技术推广，我们只要发动好群众就能做好事，但农业实行责任制后，还要学会"发动领导"。我的体会是：凡事多和领导请示、汇报，争取他们重视，更重要的是，做出成绩引起领导重视。如果领导重视了，那么这个事就能取得事半功倍的效果。

第二，要协调好与各涉农部门的关系，如科技部门、供销社系统、农业教学科研和农资生产经营等部门。一个基层农技站的发展和成长与这些部门密不可分，如果不能协调处理好与他们的关系，很多事情就推动不了，还谈什么发展？

第三，协调好与推广受体（农民）的关系。农民就是上帝，是我们服务的对象，如果不了解他们的所思所想所盼所需，在农业新技术和新产品的推广过程中，你就很难做到有的放矢，也很难做出成绩。

三、"农技站是我终生的事业"

李罗斌明白，农技站要办好，作为一站之长，自己必须要过得硬。除了业务精通、技艺领先、带头实干、廉洁奉公之外，还要目标如一，把农技站作为自己终生的事业。

几十年来，泉塘子农技站越办越好，声名远播，李罗斌本人也名声在外，他的思维能力、办事能力、协调能力和创新精神，被人们所认可和称赞。当今社会，人才就是财富。李罗斌就常常遇到"被挖"的事情。

早在农技站面临解体、散伙的那个时候，就有不少人找上门来，请李罗斌"出山"。有的邀请他一起去办企业，有的高薪聘请他去当厂长、经理，但都被他婉拒了。

李罗斌当选全国人大代表、全国劳动模范后，更大的"诱惑"也随之而来。不少大企业、大投资商想利用他的社会影响、人脉关系和办事能力，向他抛来"绣球"。

1986年，正是李罗斌带领农技站开展技术承包的时候，因为他与株洲化工研究所合作做一些农药试验，引起了国际上一些大公司的关注。

他们为美国施多福公司试验"禾大壮"除草剂，试验做得十分认真。当年年底，在湘潭岚园宾馆举行试验情况报告会，李罗斌作了该项目在泉塘子实施的情况报告。会后，该公司负责东南亚和中国大陆片区的负责人把李罗斌请到他住的房间。

落座之后，这位负责人说："李先生，我认真听了您的报告。我在东南亚各国和中国大陆考察了许多地方，听了许多试验报告，唯独你们的报告数据特别翔实。你们还把气象资料、经纬度、海拔情况都做了详细介绍，并且与试验情况结合起来进行分析。我十分佩服！"

接着，他单刀直入地说："李先生，您如果愿意，我诚挚地邀请您加入我们公司，担任中国大陆地区的技术总监。"

面对这番邀请，李罗斌毫无思想准备，一时不知道说什么好。

这位负责人以为李罗斌在担心薪酬问题，又直接说道："给您的报酬，干一年相当于您现在一二十年的收入。"

回到房间，李罗斌很快想好了答复。第二天，他找到美国施多福公司那位负责人，说道："感谢您的诚挚邀请，我也想好了，今后我们之间仍然可以继续合作，我的农技站也仍然需要你们公司的产品，但是，我还是去当我的农技站站长。"婉言谢绝了邀请。

1992年，又有了一次盛情邀请。

长沙华天大酒店在黄花机场附近征地1 000余亩，筹建一片高档山庄，需要一位能人来负责这个项目的筹建和未来营运。投资方左挑右选，最后选中了李罗斌。

李罗斌被熟识的两位省里有关部门领导请到长沙，得到华天大酒店老总的高规格招待。华天老总热情洋溢地介绍了这个项目的美好前景，然后正式邀请他担任项目的总负责人，并开出了丰厚的薪酬，一年薪酬大约相当于在泉塘子干十年。

对于华天的盛情邀请，特别是两位老领导的热情推荐，李罗斌很感动。但他也没有动心，仍然婉拒了。

后来，人们慢慢知道了这些事情，有人说李罗斌傻，也有人问李罗斌是怎么想的。

李罗斌说："当时不动心也是假的，但一番思想斗争之后，还是坚持自己的初心吧。解决人们的吃饭问题，帮助农民增产增收，就是我的初心。再说，我本来就是一个农民，种田也许还能做出点成绩，换个新的行当，隔行如隔山，我怕没那个本事。这也叫人各有志吧！"

李罗斌离不开农业，离不开农技站，离不开袁隆平让他试验推广杂交水稻的那份期望，他坚持下来了。正是这种坚持，让泉塘子农技站有了一位好站长，员工们也有了主心骨和凝聚力。

今天看来，如果当初走了，李罗斌在别的地方也许同样能够干出一番成就，但泉塘子农技站恐怕不会有今天骄人的业绩。农技站有一位好站长是何等重要啊！

第七章 ◇ 荣誉和责任

一、党和国家领导人视察

由于在农业科技推广工作中做出了卓越成绩，李罗斌获得了许多荣誉，泉塘子农技站也成为备受关注的基层农技站。农技站先后 5 次被评为全国农技推广先进单位，30 多次荣获省、市、县先进单位称号。而经常为人们所称道的是，党和国家领导人江泽民、朱镕基、回良玉、温家宝等同志曾先后来到这里视察和调研，并给予高度评价。

1991 年 3 月 12 日，中共中央总书记江泽民同志到韶山参观毛主席故居后，专程来到泉塘子棋盘村村民刘再山家，考察农村沼气开发利用情况。当时，棋盘村的沼气利用普及率达到 70%，刘再山家就是李罗斌和农技站一手扶持建立的沼气科技示范户之一，代表了当时农村家庭沼气开发利用的水平。江泽民同志亲临泉塘子农民家中考察沼气开发利用，让李罗斌和泉塘子农技站深受鼓舞。

1993 年 4 月 19 日，中共中央政治局常委、国务院副总理朱镕基同志来到泉塘子农技站，调研基层农技推广体系建设。朱镕基同志在听取李罗斌关于农技站靠技术承包起家、靠系列化服务发家、靠严格管理治家、靠科技推广富万家的工作情况汇报之后，走进正在开展经营服务的营业间，与前来购买农药、化肥、种子的农民亲切交谈，了解农民群众对农技服务的反映。看到农资专用收据上印有相应的农业科普知识和使用方法，朱镕基同志称赞说：你们为农民服务，真是想到了家。他还对现场的省、市负责同志说：希望有更多的李罗斌，还要有张罗斌、王罗斌！

2004年4月5日，国务院分管农业的副总理回良玉同志来到泉塘子农技站视察，检查春耕生产，并听取对中央1号文件的反映。回良玉同志走进农技站的营业间，询问农民购买农资和春耕备耕的相关情况。他特意查看了农资收据，看到上面附印的使用说明，连声称好。接着，李罗斌陪同回良玉同志察看杂交水稻高产示范田，还来到棋盘村井坑组村民赵曙光家里，与村民们进行座谈。村民们踊跃发言，夸赞中央的惠农好政策，汇报种粮的新打算。李罗斌向回良玉副总理汇报说："今年这个村的村民把去年种的一季稻，全部改种了双季稻，再没有抛荒的现象了。有了中央1号文件的鼓舞，农民的干劲更大了，都一心要把责任田种好，把袁隆平院士的杂交水稻种好！"

2005年8月12日，中共中央政治局常委、国务院总理温家宝同志来到泉塘子农技站，考察超级杂交稻试验示范田。温家宝同志站在田头，详细了解超级杂交稻的品种特性和种植技术要求，对李罗斌开展超级杂交稻推广示范给予高度赞许。李罗斌感动地说："总理关心'三农'问题，到我们湘潭来看农业、农村、农民，这对我们长期工作在基层的农技人员是一个很大的鼓舞，以后我们的工作动力更足了。"其后，温家宝同志又来到农技站干部许海秋家里，召开群众座谈会，听取对农业政策的意见。农民群众纷纷发言，称赞中央的农业政策好，希望政策不要变。温家宝同志回答大家：政策肯定会变，但只会越变越好！

除了党和国家领导人之外，还先后有农业部3位部长、农业部和科技部10多位副部长来到泉塘子农技站视察调研。

对于各种荣誉，对于领导同志的关心和鼓励，李罗斌心存感激，总是说：我们泉塘子农技站只是全国千千万万个基层农技站中最普通的一个，做的也是最本分的工作，这么多领导同志来泉塘子农技站视察，体现的是对农业农村的重视，是对基层农技推广工作者的关心。

作为一名身处基层一线的农技干部，李罗斌在受到鼓舞的同时，也总是把接受领导同志来农技站视察看作是反映农村真实情况和基层意愿的机会，经常是开门见山，直抒胸臆。

每次向高层领导同志汇报，李罗斌都要重点反映三件事：一是要抓好袁隆平院士杂交水稻的推广示范工作，让更多的农民掌握杂交水稻种植技术，把中国人的饭碗牢牢握在自己手里，切实保障国家粮食安全；二是要抓好基层农业技术推广工作，保持农技推广网络的稳定；三是希望国家持续实施惠农政策，充分调动广大农民种粮积极性。

2004年4月回良玉副总理来泉塘子农技站调研视察，正是当年的中央1号文件宣布取消农业税，给予农民种粮补贴，这在中国是件石破天惊的大事情。为做好汇报准备，李罗斌一边找附近农民聊天，请大家谈对中央1号文件的看法，一边琢磨着如何做好汇报。他觉得要用农民的口吻表达学习中央1号文件的心得体会，几经琢磨，渐渐地编出了一首顺口溜。在汇报的时候，李罗斌抑扬顿挫地念起来：

> 一号文件真正好，要求大家都知晓。
>
> 关系国计与民生，文件精神要记清。
>
> 九大问题廿二条，英明决策赛舜尧。
>
> 增产增收是目标，农民疑虑顿时消。
>
> 多予少取要放活，致富路子更广阔。
>
> 粮食直补给现钱，人人个个心里甜。
>
> 还有两种补贴款，科技成果好推广。
>
> 赋税减轻三个点，党和国家送厚礼。

补减相加近六十，真的享了党的福。

早稻保价七十元，农民吃了定心丸。

生资限价又打假，更把农民扶上马。

不准乱占子孙田，兴农政策真周全。

各行各业齐支农，全心全意为农民。

三农问题靠科技，各项工作莫怠慢。

人人都要挑重担，科技兴农做模范。

责任目标字已签，不能落后要争先。

搞好科技示范片，摸得着来看得见。

袁隆平的超级稻，世界领先呱呱叫。

湖南农大等单位，二十多家齐聚会。

带来各自好成果，擂台赛上看效果。

加速成果来转化，优质高产卖好价。

紧紧围绕党中央，江山永固若金汤。

二、"我当代表为人民"

李罗斌曾经担任过乡、县、市、省和全国五级人大代表，这在基层农技站站长当中恐怕是不多见的。他说，人民选我当代表，我当代表为人民，要当就要当优秀代表。

1988—1993年，李罗斌当选为第七届全国人大代表。在去参加第七届全国人大第一次会议时，他回顾了自己当人大代表的心路历程：在此之前担任乡、县、市、省的人大代表时，由于受到一些人和事的制约，有时候是"床脚下打斧头——撞上碴下",说起话来有点放不开。现在人民选我当上了全国人大代表,让我走上了参政议政最高平台,我必须心无旁骛,无所顾忌,站在国家全局和人民意愿的立场上,有什么就讲什么,努力尽到人大代表的责任。

1988年3月第七届全国人大第一次会议开幕后,在湖南代表团讨论时,李罗斌就基层农技推广问题发表意见。他说:"农业靠科技,科技靠推广,推广靠网络,网络靠队伍,队伍必须靠稳定。农民迫切需要农业技术,把农技人员称之为'财神爷'。但是,目前基层农技推广战线的状况是'线断、网破、人散',农技队伍既无钱养兵,更无力从事农技推广工作。这就要求国家增加农业投入,包括增加对农技推广的投入,把已经建立却面临解体的'四级一户'农技推广网络重新组建起来。这样,才能满足广大农民对农业科技的渴求,把先进农业科技送到农民手里,送到田间地头,使之真正产生农业生产力。"

他还说:"基层农业科技人员,干着头等光荣的事业,却享受着最低等的生活待遇,至今还是背着米袋子搞科研,延续着'牛耕田,马吃谷'的不平等现象。我们中国是农业大国,农业是基础,科技要先行,就必须解决基层农技人员的后顾之忧。"

当时有农业部、科技部等部门的相关负责人在现场听取代表团讨论,湖南代表团也将李罗斌的发言编入了大会简报。由于这个发言实事求是,直面问题,与国家重视农业的政策相吻合,立即引起了各方面的高度重视。

有意思的是,各路新闻记者紧追李罗斌采访,人民日报、经济日报、科技日报、农民日报、中央人民广播电台等主流媒体都发表了对李罗斌的采访报道。湖南代表团的代表们都戏称李罗斌是"明星代表"。

据李罗斌介绍，其后连续两年，他和农业战线的其他一些人大代表都持续跟进这个话题，呼吁国家加大基层农技推广网络建设力度，特别是要解决乡镇农技人员的编制和待遇问题。农业部为此专门邀请相关人大代表和政协委员听取意见，其后制定措施，分步解决。1996—1998年，全国乡镇一级农技站人员全部转为事业编制，经费也由县级财政拨款解决。

在第七届全国人大第一次会议上，李罗斌还与湖南代表团的30位代表一起联名反映基层呼声，要求重视解决部分农资供应紧张的问题。

1988年4月3日，国家计划委员会、商业部等部门有关负责同志来到湖南代表团听取意见。李罗斌发言，直截了当地说："现在农资供应紧张到什么状况，你们可能不知道吧？我们那里有句话，四十年代保卫延安，八十年代保卫碳铵。什么意思？就是不少地方哄抢化肥，公安要到现场维护秩序了。我那个乡的生资站，去年8月中旬每天晚上都有300多人围着生资站等化肥，任凭暑热蚊咬。公路上只要有拉化肥的货车，见了就抢。事后把板子打在农民身上，说农民一不种绿肥，二不积农家肥，三不会科学施肥，才造成了肥料紧张。农民老实呵，他们不会计较，但我认为这个事后果很严重，不只是影响了农业生产，更是影响了我们党和国家农业农村政策的贯彻落实。"

人大代表们建议：一是国家有关部门要用改革的精神改变农资分配的不合理现象；二是省里自己拿钱建复合肥厂，国家有关部门应当尽快批下来；三是减少流通环节。

这件事情，人民日报1988年4月6日头版以《化肥对话》为题，作了专门报道。

据李罗斌说，在人大代表的强烈呼吁下，第二年湖南省的化肥、柴油、农膜等分配指标就增加了，农资供应紧张的局面有了较大缓解。

后来说起这件事情，李罗斌认为，当时我国生产力水平还比较低，又是实行计划经济体制，农资供不应求在所难免，这是当时的客观现实。不过，湖南省是农业大省，是产粮大省，作为人大代表，必须反映实际情况。只有大家都来建言献策，国家才会不断进步。

三、当好政协委员

李罗斌担任过一届湘潭县政协委员、两届湘潭市政协委员。同样，他都不负重托，不辱使命，忠实履职，多次被评为优秀政协委员，其提案多次被评为优秀提案。

作为农业界的政协委员，李罗斌始终把参政议政的目光聚集在"三农"问题上。他在市政协全会上作大会发言，呼吁要高度重视农业科技进步。他说："世界粮食短缺危机被称作'沉默的海啸'，对我国粮食安全再次敲响了警钟。在当前和今后土地供求矛盾日益突出的情况下，如何保证国家粮食安全，答案只有一个，那就是依靠科学技术来实现粮食增产。"

他说："纵观水稻主产区粮食增产的历程，我们经历了三个台阶，即高秆品种改矮秆品种，单季稻改双季稻，常规稻改杂交稻，依靠的都是科学技术。主要包括了两个方面的内容：一个是水稻品种的改良，一个是耕作技术的改进。'杂交水稻之父'袁隆平院士领衔研究的杂交水稻，使水稻品种改良发生了革命性的变化，代表了世界水稻品种技术的最高水平。但是，使用优良品种只是促进粮食增产的一个方面，还有一个不可忽视的方面就是要有先进的栽培技术相配套。如果只采用杂交水稻良种而不注重推广先进栽培技术，粮食增产的效果就会大打折扣。只有把优良品种与先进栽培技术紧密结合起来，加上'天帮忙、人勤奋'，才能达到理想的增产效果。"

湘中以南主要是双季稻区，农民有种植双季稻的传统，但过去种植双季超级杂交稻受气候、技术等条件限制，推广起来有一定的局限性。为了更好地推广种植双季超级杂交稻，在袁隆平院士指导下，李罗斌和泉塘子农技站采取了"两步走"的方法，探索双季超级杂交稻高产栽培技术。先是从1999年起，进行一季晚作超级稻高产栽培技术研究，创造了晚稻大面积亩产807.4公斤的高产纪录。接着从2003年起，率先进行"双季超级杂交稻配套高产栽培模式"研究，截至2008年，共试验示范2 438亩，亩产达1 206.2公斤。

难能可贵的是，在这一过程中，他们将"双超配套"栽培建立起了技术体系，其核心是"筛选适宜组合，优化组合搭配；保障早稻适时收割，晚稻适时播种移栽；宽行密株插植，促进通风透气；间歇好气灌溉，健根促蘖壮秆；看苗定量施肥，平衡发育；综合防治，严控病虫草害"。

这几句话看似简单，实际上是多年大量田间科学试验的结晶，包含着李罗斌和泉塘子农技站辛勤探索的心血和汗水。以"筛选适宜组合、优化组合搭配"为例，农技站先后引进几十个优势杂交早、晚稻组合进行搭配栽培试验，最后筛选出6组比较适合本地生态气候条件的组合，分别为陆两优996－丰源优299、陆两优996－天优华占、潭两优921－Y两优2号、株两优4024－C两优396、株两优4024－天优华占、潭两优921－准两优608。这些早、晚稻组合搭配种植，能够确保早稻在7月15日左右成熟、晚稻在9月15日左右安全齐穗，从而获得理想的高产效果。

再比如"综合防治，严控病虫草害"，李罗斌他们经过大量试验，摸索出一整套完善的双超配套病虫草害防治技术，在浸种期、移栽期、分蘖期、始穗期分别施用合适的农药，坚持"治早治小"，低毒少残留，防治效果好。

为了在全市更大面积推广这一先进栽培技术，在 2009 年 1 月召开的湘潭市政协十届二次全会上，李罗斌作大会发言并提交了《关于推广"双季超级杂交稻配套高产栽培模式"》的提案。他提出几条具体建议：一是加强组织领导和部门协作，市、县两级成立粮食增产工作领导小组，协调各方力量，共同促进先进技术推广；二是加强农技服务体系建设和科技支撑，帮助农民掌握先进适用栽培技术；三是加强基地建设和产业开发，建设集约化、规模化双超配套种植基地，并积极推行土地整体承租方式和"公司＋基层农技站＋农户（基地）"的农业产业化经营模式，调动农民种粮和应用先进栽培技术的积极性；四是加强中低产田改造和标准良田建设，为双超配套、增产增收打下坚实的基础。

李罗斌的建议和提案，得到市委、市政府及有关部门的重视和采纳，"双超配套高产栽培模式"得到更加广泛的推广。

第八章 ◇ 劳模的底气

一、一腔家国情怀

李罗斌出生在新中国成立前，幼时记忆最深刻的是兵荒马乱、民不聊生。五六岁开始有记忆时，就记得经常看见逃难的老百姓饥不择食，在地里扯萝卜生食充饥。自己家里也是经常缺粮，有了上顿没下顿，尝尽了饿肚子的滋味。

新中国成立后，幼小的李罗斌看到了土地改革时家里分到土地的喜悦之情，但也经历了粮食短缺的窘境。当时技术落后，物资匮乏，一年一熟打谷两三担，农业生产力水平低下。1962 年发生严重自然灾害，父亲饿肚子得了水肿病，李罗斌被迫弃学，干苦力买黑市米救父保家，那一幕成为他永远的痛。

经历过生活苦难，才懂得国泰民安的珍贵。所以，李罗斌总是跟大家说，中国是一个人口大国，一要远离战乱，二要远离饥饿。民以食为天，粮食养得人活，也饿得人死。手中有粮，心中不慌。任何时候都不能忽视粮食安全，任何时候都要有种粮的人。

李罗斌最敬佩袁隆平，每有媒体记者来采访，他都会说道："只有饿过肚子的人，才会懂得袁隆平先生的伟大。袁先生以祖国和人民需要为己任，一辈子躬耕田野，做着最伟大的事业。"

正是凭着对国家、对农业、对粮食的一种朴素而深厚的感情，李罗斌坚持扎根在农村最基层，风里来，雨里去，为农民推广科学技术，配合袁隆平开展杂交水稻试验推广，毫无怨言，终生无悔。

这是一种发乎于心的家国情怀，有了这种情怀，就会内生出什么都想试、什么都想闯的工作激情和创新欲望。几十年当中，自负盈亏办农技站，开办实体以企养站，千方百计让农民掌握先进科学技术，引进各种各样杂交水稻新组合，探索适合大面积丰产栽培模式……李罗斌都是脚踏实地，做他认为有意义的事情。

20 世纪 80 年代开展农药成本承包服务，不要以为李罗斌只是为了农技站赚点服务费，或者是帮助农民节省农药成本，其实他有更深远的考虑。

那个年代，稻飞虱是最容易出现的虫害，为了虫口夺粮饱肚子，普遍的治虫方法是用柴油拌细沙撒在田里，让柴油浮在水面上，然后由社员每人一根竹竿敲打禾蔸，稻飞虱掉到柴油里被杀死。这是一种没有办法的办法，农药少，价格高，而柴油 0.18 元钱 1 公斤，每亩只要用 1 公斤，大家都用了这种方法。

但是，柴油拌沙杀稻飞虱，花的人工多，劳动强度大，尤其严重污染农业生态环境。李罗斌计算过，泉塘子全乡 15 369 亩水田，如果每亩 1 公斤柴油，对农田该是多大的污染！

为了找到对口有效农药，李罗斌四处打听，终于打听到湘潭市供销社从日本进口了 1 吨"优乐得"，是一种对防治稻飞虱有效的可释性粉剂，但存放在库房里一年多，并没有进行过施用试验。

李罗斌找到供销社主任，请他送来了 10 包给泉塘子农技站做试验。经过严谨规范的田间试验，发现这个"优乐得"对防治稻飞虱有药到虫灭的特效。于是，农技站花了 14 万元，将那 1 吨"优乐得"全部买回来，在农药成本承包服务中用于稻飞虱防治，取得了良好的效果。

其后，湘潭县乃至湘潭市全面推广"优乐得"防治稻飞虱，彻底解决了用柴油灭虫的问题。

使用"六六六""滴滴涕"等有机氯农药防治病虫害，也是那个年代普遍的做法。但有机氯农药对农业生态环境同样有着很大的损害，在土壤中的残留需要70年后才能消除。李罗斌下决心要在农药成本承包服务中，推广使用更加安全的农药。

他凭着从20世纪70年代开始与全国多家农药化工研究所、农药厂家合作开展试验而建立的关系，四处寻找和购买安全性可靠的替代农药，向农民既开处方又卖农药，还到田间指导用药，不让农民乱施农药，不让农民增施"保险药"，逐渐让农民群众掌握了科学施用农药的方法。

今天来看，李罗斌的这些辛苦奔忙，秉持的就是绿色环保农业的理念。他坚持不懈地开展这些工作，正是源于对农业、对大地的深深的爱。

二、笃行终身学习

凡与李罗斌熟识的人，都佩服他广博厚实的知识功底和惊人的记忆力。听他讲话或作报告，说到各种事情，尤其是说到农业上的事情，他总是能够旁征博引，理论联系实际，把事情和道理讲得很清楚，涉及的事件、人名、日期、时间、数据，如数家珍，信手拈来。

袁隆平院士把李罗斌当作自己研究试验杂交水稻的得力助手和伙伴，说自己的"压台戏在泉塘子"，是看到了李罗斌那种似乎是"无师自通"的睿智。他们聊起杂交水稻，袁先生常常说"李劳模就是会讲"，意思是夸奖他善于表达，善于总结。

农民群众也都喜欢与李罗斌打交道，不只是因为农业技术上能够得到他的指点，还因为他讲话做事都很接地气。乡间俚语、民谚、民间故事乃至古人名言、历史典故，李罗斌许多都烂熟于心，经常脱口而出，用得恰到好处。所以，无论推广农业科技还是帮助乡村做群众工作，李罗斌都有极高的公信力。

李罗斌没有上过大学，不是科班出身，而且数十年如一日，生活在农村，工作在农村，是什么让他具备了一般人少有的见识和本领？答案就是：学习，学习，终身学习！

从孩提时代起，李罗斌就早早地接受了祖父的"国学教育"。他的爷爷李丙彝算不上真正的读书人，只是读过几年私塾，有点国学基础，但懂得让后辈读书的重要性。因此，从小罗斌3岁开始，爷爷就教他读《三字经》《增广贤文》等古代启蒙读物，让他渐渐喜欢上了读书，养成了学习的兴趣和习惯。

李罗斌后来读小学、初中，直到高中辍学，都对学习充满兴趣，成绩很好。中间读了一段时间的湘潭大学，虽然不算学历，没有文凭，学的知识也比较肤浅，但为后来从事农技工作，打下了较为扎实的基础。

1969年7月之后，他当上了大队农科组长，两年后被选调到公社农技站，又让他在田间耕作之余，有了学习钻研农业科学的更好平台。

在李罗斌家不远的地方，有湘潭地区农科所和湘潭地区农校。近水楼台先得月，那段日子里，李罗斌就经常跑到农校、农科所去虚心求教。

有一位名叫叶承思的老师，毕业于北京大学生物系，先是在农科所工作，后来调到农校任教。叶承思回忆起李罗斌向他求教的经历，说："那是一个十分勤奋、求学上进的好青年！他当上大队农科员后，就把学习农业科学当作了一件大事。他们大队离学校不远，他经常带着农业科技上的一些问题来问我，有时是白天出完工就来，有时是天黑了才来，来了就提问，我也是尽我所知，有问必答。"

叶承思还说起一件事情："那是 1970 年，我们在泉塘子公社办了一个农科试验点，经常组织大队农科员参加学习和试验。入冬的时候，我带着农科员到收完晚稻的田里观测虫情。第一个提问题的就是李罗斌，他问为什么要到光秃秃的禾蔸子田里观测虫情。我给他讲了原因，还从禾蔸中捉出三化螟给大家看。那个时候，李罗斌就是最肯动脑筋的农科员。"

叶老师说："李罗斌调到公社农技站后，不久就当了站长，他还是挤时间到我这里来借书看、问问题。当时有一本《土壤学》，他就系统地学习过这本书。李罗斌能够做出那么大的成绩，与他的勤奋学习是分不开的！"

1972 年，农技站分配来一名湖南农学院的毕业生，名叫石志明。小石住下来工作后不久，就发现每晚回家的李站长经常晚上不回家了，要与他搭铺睡。渐渐地才明白，原来李站长要借此机会跟他这个大学生学习农业科学知识。当时，石志明还带了很多书，摆在书桌和床铺上，李罗斌每晚聊天之后，还要看书到很晚。

石志明后来回忆说："那时李站长陪我看书，他的热情和劲头比我还高。半夜了，总是我催他睡觉，催了好几次，他还舍不得放下书本。有的时候，睡下来了，他还要跟我讲读书的体会，没搞明白的就要问我。我最佩服的是，他看了书都能记得，过了很久还能背得出，用得上，有过目不忘的本事，我当时还以为他有什么记忆上的特异功能。"

自从站里有了石志明这个农学院毕业生，李罗斌就经常让石志明陪他去湖南农学院和湖南省农科院，找老师问，借书籍杂志看，看他们做科学试验。这样，也认识了更多的老师和专家，为以后农技站与农科院校建立密切联系打下了基础。

农技站与袁隆平的杂交水稻结缘之后，李罗斌学习渠道更宽了，层次更高了。他后来常说：不仅袁先生对我教益良多，省农科院、省杂交水稻研究中心的许多专家，都是我的好老师。还有省农业厅、省农科推广总站等单位许多领导和专家，给我支持，给我动力，成为我人生道路上的良师益友。

在几十年工作实践中，李罗斌始终注重学习，在书本中学习，在实践中学习，乐于接受一切新知识、新信息。

他曾说：我底子薄，要进步就只能靠多学习。学习，已经成为我生命的一部分。

三、敢于与众不同

李罗斌对任何事物的见解，都保持着独立思考的品格。熟悉他的人这样评价他：看事，做事，不唯书，不唯上，只唯实。看准了的事，他一个心眼去做；觉得与实际有偏差的，他就要发表自己的不同意见；觉得不对的，他就敢于辩论，敢于否定，坚持自己的正确看法。

1977年8月，正是防治以螟虫为主的水稻病虫害的关键时节，县政府召集各个公社分管农业的副书记和农技站站长开会，规定全县一律在8月27日至30日期间打药治虫。时任县长的伍克文在大会上强调："其他事情不搞一刀切，但这个治虫打药时间必须一刀切！哪里不按规定出了问题，我找哪个地方负责！"

在讨论时，李罗斌发言说："我不一定会按照这个统一时间打药，我要回去观测，按照虫情具体情况打药。"

伍克文接话说："李罗斌，对这个事情你要负责任的，你负得起吗？"

李罗斌回答："伍县长，我做事从来都坚持从实际出发，我们公社有1.5万余亩田，我知道责任重大，更需要把事情做好。"

会后，伍克文派了6个人来到泉塘子监督，让李罗斌按照县里的统一部署办。

李罗斌说："这个事情在会议室里讲不清楚，我们一起到田里去看。"

大家来到田里，察看了10多丘禾苗的虫情。李罗斌在每丘田都拔出几蔸禾苗，掰开稻丛，把螟虫产的卵指给他们看。

李罗斌说："现在看到的都是螟虫刚产的白色卵，由白色变成褐色再到黑色，时间需要4~5天，卵才孵化成幼虫。卵孵化后，螟虫还有五个龄期，从一龄到二龄大约有3天，从二龄到三龄大约有2.5天。虫卵孵化前，打药不起作用，只有到了孵化期之后，卵刚刚变成了幼虫，在它一龄期和二龄期把药打下去，才能杀死虫子。每个地方有不同的螟虫孵化期，统一规定打药时间并不能取得好的效果。"

李罗斌最后说道："这是我多年从事虫情观测和病虫防治得出的经验，行之有效，我必须坚持！"

听李罗斌这么一讲，县里来的人觉得有道理，便没再追究什么。

那些天里，李罗斌带着农技站员工及时观测虫情，多点取样，掌握了害虫孵化的高峰期。随后，通知各生产队，雷厉风行，把农药打下去，有效防止了病虫害发作。

自那以后，县长伍克文对李罗斌刮目相看，经常来泉塘子农技站走走看看，两人成了好朋友。

1978年，李罗斌听说邻近宁乡县的一个白玉大队引进粳稻新品种"天津引"，大面积种植取得好效果，就向公社党委书记建议，派人先去了解情况，考虑可否引进到本公社种植。公社派人去看了之后，认为种植效果很好。于是，公社组织全社110多个生产队队长去宁乡白玉参观学习，随后就引进了"天津引"大面积种植。

当时，县里很多公社也引进了"天津引"，成为全县当年晚稻主打品种。县里高度重视，立即组织各公社有关人员开会研究。县农业局局长在会上说："按照品种介绍，这个品种必须在6月10日前播种。"

李罗斌则提出了不同看法，他说："6月10日播种早了，必须推迟半个月。"

局长认为不行，两人在会议室争论起来了。

李罗斌据理力争："水稻具有的感光性和感温性，在不同地域、不同气温条件下会有差异。这个稻种是从北方引进过来的，那边气温低，自然需要提前播种，但是到了我们南方，如果播种早了，就会造成抗逆性减弱。我认为，这种粳稻应当在6月20日至25日播种。"

人微言轻。李罗斌的建议并未引起广泛响应，许多地方都在6月10日播种。李罗斌仍坚持在6月20日至25日播种。秋收后产量报上来，泉塘子的产量最高。

四、坦然豁达本真

泉塘子农技站在李罗斌带领下做出了卓越的成绩，党和政府给了他们很高的荣誉，但是，李罗斌总是不愿过多张扬。

有一次，农业部一位部长听了李罗斌的事迹，便问他有没有评过"全国农业技术推广先进个人"，李罗斌说没有评过。部长又问为什么，李罗斌说:"省、市农业部门曾经 3 次推荐我评'全国农业技术推广先进个人',都被我拒绝了,我说事情是大家做的,要评就评集体。我们农技站 5 次被评为'全国农业技术推广先进单位',这就是我最大的光荣。"

李罗斌当选全国人大代表,被评选为全国劳动模范,他事前并不知情,都是上级有关部门领导在结果出来后再告诉他的。在荣誉面前,不争不抢,坦然对待,是李罗斌恪守的原则。

在他的心中,只想干好两件事情:一件是办好农技站,搞好农技推广,帮助农民致富;另一件是种好杂交水稻,不辜负袁隆平先生的嘱托和期望。在他看来,干好这两件事情很有意义,也并不容易。因此,除此之外的繁杂事、虚名浮利、恩怨纠葛,都不值一谈,都可以抛诸身外脑后。

1991 年,李罗斌当选为泉塘子乡乡长。他知道这是组织上对他的关心和培养,也很珍惜这份恩遇,希望把乡长的工作干好。但是,当时农技站已经办出了很大的名声,这方面的工作不好轻易放弃,更重要的是,袁隆平院士的杂交水稻正在进入不断推进的关键阶段,农技站承担的中试推广任务不能中断。他向县委和乡党委提出,让他在履行乡长职务的同时,有一定的时间和精力从事农技站的工作。县委和乡党委从实际出发,同意了他的要求,还给他专门配备了一名乡长助理,协助他处理乡政府的一些日常事务。

既当乡长,又当农技站站长,李罗斌肩上的担子重了,工作也更劳累了。在任乡长期间,他在主持乡政府工作的同时,主抓招商引资和乡镇企业。那两三年,泉塘子乡发展乡镇企业力度很大,兴办了十多家乡镇企业,规模和效益都排在全县前列。

1993 年时任国务院副总理的朱镕基同志视察泉塘子农技站后,前来参观考察的客人越来越多,经常是一天要接待好几批,农技站员工几平全都上了接待一线，李罗斌更是连轴转，讲得嗓子都说不出话。他觉得再这样身兼两职，既耽误乡政府的工作，也耽误农技站的工作。思忖再三，他觉得还是留在农技站好。于是，他正式提出请求，辞去了乡长职务。

对于李罗斌的辞职举动，很多人不理解。李罗斌总是这样向大家解释："我本来就是个农民，种田才是我的本行。我又是个做事的人，农业技术推广，杂交水稻推广，有好多事要做。我一心一意做自己喜欢做的事情，也许会做出更好的成绩。"

李罗斌以自己豁达的胸怀和踏实的工作，表现出他的本色就是不以物喜，不以己悲，人生追求的目标一旦确立，就义无反顾，奋勇向前。

五、志在耕耘不息

2002年，李罗斌到了退休的年龄。他回想自己一路挥汗打拼，是该休息了。但没想到的是，时任市委书记卞翠屏和县委书记刘清林找他谈话，让他办理退休手续后再返聘留任，继续担任泉塘子农技站站长。

刘清林书记告诉他："你原任县政府助理调研员，县委研究并报市委同意，落实劳模待遇，你按正处级退休。"

卞翠屏书记则透露了李罗斌返聘留任的原委：袁隆平听说李劳模已到退休年龄，便亲自来到湘潭市委，找到卞书记，要求把李罗斌留下来，继续担任国家杂交水稻工程技术研究中心泉塘子中试示范基地负责人。

袁隆平院士说："杂交水稻的压台戏在泉塘子，只有依靠李劳模唱戏，我才放得心！"

卞翠屏书记表示，市委一定尊重袁院士的意见。又问："您打算还让李劳模干多久呢？"

袁院士幽默地说："我干他得干，直到哪一天我们都干不动为止！"

从办了退休手续的 2003 年起，李罗斌就开启了退休不退职、退而不休的新征程，继续奋战在杂交水稻第一线，一干又是将近 20 年！

这里说说李罗斌开发高硒米的故事。

虽然退休了，李罗斌脑子里还一直在转悠着让人们吃饱、吃好的事儿。

2012 年 8 月，省老年科协农业分会一些老专家来农技站开展视察指导活动，听一位老专家说，研制出了一种硒营养液，把矿物质的硒变成硒蛋白，喷施在农作物上，就可以增加硒的含量，而硒又是人体不可缺少的微量元素。由此，他想到可不可以开发一种高硒含量的稻米呢？

经过到多地走访专家，反复论证，李罗斌决定尝试开展喷施硒的水稻栽培试验。2013 年，农技站引进了省农科院老专家研制的硒营养液，又在全国引进了 77 个优质稻品种开展对比试验，从中挑选硒吸附能力强的栽培品种。

功夫不负苦心人。经过 4 年时间的辛勤奔波和对比试验，他们最终选定了 3 个品种，目前已定型 2 个品种——"农香 42"和"穗香 2 号"。人们试吃后，都反映米质好，口感好。

泉塘子农技站开发高硒米，也得到了袁隆平院士的鼓励和支持。2019 年 8 月 8 日，袁隆平为他们亲笔题词："发展高硒功能米，助力乡村振兴。"

2020 年，泉塘子的高硒米产量达十多万公斤，为提高粮食品质、增强人民健康献上了一份厚礼。

如今，在 320 国道边"国家杂交水稻工程技术研究中心泉塘子中试示范基地"的那栋办公楼里，年近耄耋之年的李罗斌，还每天来上班。那里，有他心心念念的杂交水稻试验推广事业。

每到农民耕作最忙碌的季节，李罗斌都会来到试验田边，指导农民播种育秧、施肥撒药、测报病虫，不管风吹雨打，烈日暴晒，任由汗水在身上流淌，在禾上挥洒。只是，他的腿脚因为严重的风湿性关节炎落下了残疾，行走已不再敏捷。

泉塘子广袤的田野上，一位普通如农民的老人，一位在平凡工作中做出不平凡业绩的老人，还在辛勤地耕耘着……

附录

附录一　李罗斌获得的部分奖励和荣誉一览表

时间	奖励和荣誉名称	授予单位
1988 年 3 月	湖南省农业劳动模范	湖南省人民政府
1989 年 9 月	全国劳动模范	国务院
1989 年 12 月	湖南省农业丰收奖	湖南省农业丰收计划 指导委员会
1993 年 6 月	湖南省优秀共产党员	中共湖南省委
1995 年 6 月	湖南省优秀共产党员	中共湖南省委
1995 年 6 月	如心农业奖	香港华懋如心农业奖励金
1998 年 1 月	首届袁隆平农业科技奖	袁隆平农业科技奖励基金会
2001 年 2 月	湖南省科普工作先进个人	中共湖南省委宣传部、 湖南省科学技术厅、 湖南省科学技术协会
2001 年 6 月	政府特殊津贴专家	国务院
2001 年 6 月	湖南省优秀共产党员	中共湖南省委
2001 年 9 月	湖南省农业科技工作先进个人	湖南省人民政府
2006 年 10 月	星火科技二传手	科学技术部
2007 年 11 月	湘潭市科学技术进步奖二等奖（双季超 级稻栽培技术研究与示范）	湘潭市人民政府
2008 年 11 月	湘潭市农村改革 30 周年十大杰出人物	中共湘潭市委、 湘潭市人民政府
2010 年 1 月	湖南省超级杂交稻"种三产四"丰产工 程先进个人	国家杂交水稻工程技术研究中心、 湖南杂交水稻研究中心
2016 年 12 月	中国老科学技术工作者协会奖	中国老科学技术工作者协会
2017 年 1 月	湖南省老年科技精英	湖南省老科学技术工作者协会
2019 年 9 月	庆祝中华人民共和国成立 70 周年纪念章	中共中央、国务院、 中央军委

附录二　泉塘子农技站获得的部分奖励和荣誉一览表

时间	奖励和荣誉名称	授予单位
1989 年 2 月	全国先进区乡农业技术推广站	农业部
1990 年 12 月	湖南省先进农业技术推广单位	湖南省人民政府
1992 年 9 月	农业社会化服务工作先进集体	全国农业技术推广总站
1993 年 7 月	农业技术推广先进单位	中共湖南省委、 湖南省人民政府
1995 年 2 月	全国农业科技推广先进单位	农业部、人事部、 国家科学技术委员会、 林业部、水利部、 国家农业综合开发办公室
1995 年 6 月	"兴农杯"金奖	农业部
1999 年 9 月	全国农业科技推广先进单位	农业部种植业管理司、 全国农业技术推广服务中心
1999 年 12 月	全国农业技术推广先进单位	农业部
2001 年 9 月	湖南省农业科技工作先进单位	湖南省人民政府
2004 年 9 月	农业科技示范场	农业部
2008 年 6 月	"国家杂交水稻工程技术研究中心泉塘子 中试示范基地"命名授牌	国家杂交水稻工程 技术研究中心

2020 年 7 月 12 日，湖南省农业农村厅退休老领导余英生、田家贵、刘丁山、莫胜元、范定先，联名向厅党组写了一份《关于在全省基层农业技术推广队伍中开展向李罗斌同志学习活动的建议》。省农业农村厅党组采纳这 5 位老领导的建议，做出了安排。其中一项工作是为李罗斌同志写一本书，让全省农技推广系统的干部职工了解和学习李罗斌的优秀事迹。承蒙信任，写书的任务落到了我的肩头。

其实我也曾经有过为李劳模写书的念头。李罗斌在农业技术推广岗位上勤奋工作，在杂交水稻试验推广上辛勤耕耘，业绩突出，事迹感人，是在湘潭广为人知的全国劳动模范。我在担任湘潭市委副秘书长、市委政策研究室主任、市政协副主席等职期间，就与李劳模有了长时间的密切联系，写过他和泉塘子农技站的相关材料，因他的事迹和精神而深为敬佩，并觉得为这位在平凡岗位上做出不平凡业绩的劳动模范写一本书，是一件很有意义的事情。但是，限于我个人的写作能力，加上日常工作比较忙抽不出时间，为李劳模写书的事也就只是一个想法而已。

没有想到，在我退休之后，机缘巧合，还是领受了为李劳模写书的任务。我感到荣幸，但一旦动笔，困难也是不少，要将李劳模在基层农技站工作50年的经历浓缩在几万字里，尤其要比较精准地再现出李劳模的事迹和风范，并不是一件很容易的事情。好在李劳模精力充沛，记忆力惊人，农技站档案保存完好，采访和收集材料的工作进行得非常顺利。还有李劳模的许多老同事、老朋友，以及熟悉李罗斌的很多人，都共同参与到了这项写作工作之中。这本书，实际上是集体作品，我不过是其中的主要执笔人。

在采访和构思过程中，喻名乐、贺碧霖、抄正春、戴文辉、吴力科、高成杰、石志明、姜铁明、陈正球、刘米米、杨欢等同志以及泉塘子农技站的员工都给予了大力的帮助，做了大量的工作。在写作当中，参考了谷静同志收集的部分素材。书中的图片，由陈亮同志整理。省农业农村厅余英生、莫胜元、范定先等老领导多次来到泉塘子农技站，商量和指导写作工作。初稿写成后，莫胜元、范定先同志花了几天时间，对书稿进行了全面审定。省农业农村厅、湘潭市的一些同志对书稿修改提出了宝贵意见。在此，谨向这些同志致以衷心的感谢！

爱岗敬业、争创一流、艰苦奋斗、勇于创新、淡泊名利、甘于奉献的劳模精神，是值得我们永远推崇和学习的。有感于李罗斌身上充分展现了伟大的劳模精神，谨在文末附上我在2019年12月写李劳模的一首小诗，再次表达对他的敬意：

稻菽耕耘六十年，田歌一曲美名传。

朝行野陌看禾长，暮踏寒霜试种研。

饭粥虽微连社稷，胸襟犹阔仰坤乾。

初心写在沧桑里，耄耋将临未歇肩。

周韶光

2021 年 8 月 31 日

◆ 2013年4月8日，农业部部长韩长赋在海南考察袁隆平院士的超级杂交稻"苗头组合"。袁隆平向韩部长介绍说："这是李罗斌，是全国唯一的处级基层农技站站长，长期从事杂交水稻示范和推广，是全国劳动模范。"韩部长握着李罗斌的手说："农技站长也可以提拔为处级干部，肯定成绩不小！"

◆ 1995年10月27日，湖南省委书记王茂林、省农业厅厅长谭载阳与袁隆平院士一道，专程到泉塘子农技站考察两系法杂交水稻高产现场并合影。图中前排右起第三至九依次为殷正海、袁隆平、王茂林、李罗斌、谭载阳、刘丁山、范定先。

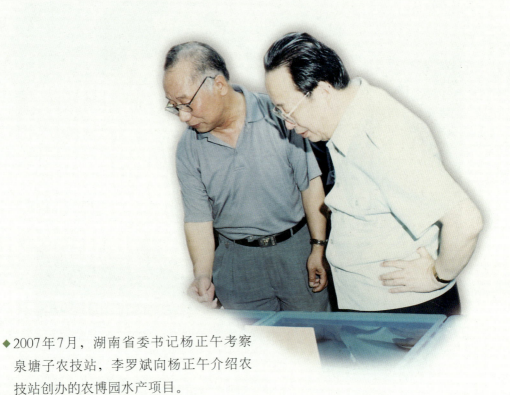

◆2007年7月，湖南省委书记杨正午考察
　泉塘子农技站，李罗斌向杨正午介绍农
　技站创办的农博园水产项目。

◆1990年，湖南省人大常委会主任刘夫生到泉塘子农技站调研。调研之后，他
　亲自撰写了调研文章《推荐一个乡农技服务站》，在湖南日报发表。图中右二
　为刘夫生。

◆1994年2月28日，农业部常务副部长刘成果来到泉塘子农技站考察。

◆1995年，湖南省人民政府分管农业的副省长庞道沐专程来到泉塘子农技站，听取李罗斌介绍袁隆平院士杂交水稻试验示范情况。庞道沐副省长先后五次到泉塘子农技站考察。

◆2008年9月，湖南省政协副主席欧阳斌、袁隆平院士等考察省杂交水稻技术研究中心第二实验基地，袁隆平邀请李罗斌一同参观考察。

◆1997年，李罗斌参加湘潭市优秀专业技术人才会议。图为与湘潭市委书记卞翠屏、市人大常委会主任吴昌续、市长蒋建国等合影。

◆1995—2000年，蒋建国担任湘潭市市长期间，每年都与分管农业的副书记、副市长来看望李罗斌，调研指导农技站工作。1997年，蒋建国亲自下田抛秧，鼓励农技站推广塑料软盘旱育抛秧技术。

◆2011年，史耀斌担任湘潭市市长仅一年时间，但对农业非常重视，曾经三次到泉塘子农技站调研考察，指导工作。这是史耀斌在杂交水稻试验田里考察。

◆2008年8月29日，在第五届国际杂交水稻学术研讨会召开期间，袁隆平院士来到泉塘子农技站考察。湘潭市党政领导彭宪法、余爱国、曾震亚等陪同考察。

◆2006年9月，袁隆平院士首次携夫人邓则来泉塘子农技站。图中左一为湘潭市政协主席殷正海，右一为湘潭市人大常委会副主任蒋国梁。

◆ 2014年10月16日，湖南省老科学技术工作者协会农业分会考察泉塘子农技站中试示范基地的超级杂交稻。图中左一起依次为瞿良才、莫胜元、范定先，刘丁山、余英生、李罗斌、田家贵等。

◆ 袁隆平和李罗斌，一个是"共和国勋章"获得者，一个是全国劳动模范，在为杂交水稻事业的奋斗中结下了浓厚友谊。几十年中，他们有事无事都要到田里去看看，看到禾苗茁壮生长，就感到无比幸福。赏禾成了他们共同的生活乐趣。

◆袁隆平先后39次来到泉塘子农技站。袁隆平对李罗斌有着真诚的信任，总是鼓励李罗斌和农技站大胆试验、大胆创新。李罗斌则以严谨的田间试验和示范，为袁隆平的杂交水稻研究和推广提供可信的第一手材料。

◆李罗斌邀请袁隆平院士到杂交水稻试验田考察，交流品种的优缺点以及栽培上的注意事项，探讨如何达到"良种、良法、良田、良态"的有机结合，两人的表情都十分专注和认真。

◆袁隆平院士和李罗斌在泉塘子农技站接待联合国粮农组织和世界粮食计划署的农业官员。湘潭市政协主席宋厚源（右二）陪同考察。

◆1999年9月7日，袁隆平学术思想和科研实践研讨会在长沙召开，李罗斌应邀出席。

◆2015年11月2日，泉塘子农技站工作人员在棋盘村示范基地与袁隆平院士合影。

◆2008年6月27日，在湘潭市举行"国家杂交水稻工程技术研究中心泉塘子中试示范基地"授牌仪式，袁隆平院士向李罗斌授牌。

◆2017年9月27日，袁隆平院士专程来到泉塘子中试示范基地考察再生稻生长情况，并亲自品尝"忠香优丽晶"再生稻米饭，体验其口感，夸赞"这才是真正的优质米！"

◆2019年10月16日，89岁高龄的袁隆平院士冒雨来泉塘子考察第三代杂交水稻。这是袁隆平院士最后一次到泉塘子农技站。

◆ 2019年10月22日，第三代杂交水稻现场观摩活动在泉塘子举行，中国科学院院士谢华安、钱前，中国工程院院士万建民、朱有勇，知名农业专家贺发华、游艾青、陈良碧、邹任斌、黎用朝、赵炳炎等参加观摩。

◆ 2008年9月13日，第五届国际杂交水稻学术研讨会的代表在泉塘子参观一季晚稻新组合展示区。该展示面积95亩，展示品种有双8S/0293、国稻6号、特超001、两优623、广湘24S/R5、常优3号、中新A/9339等21个品种，品种来源为湖南杂交水稻研究中心、中国水稻研究所、湖南农业大学、江苏省农业科学院、华中师范大学、福建省农业科学院等科研单位。

◆2013年7月12日，非洲21国农业官员和专家考察泉塘子基地杂交超级早稻并合影留念。

◆泉塘子农技站的杂交水稻示范片成为观摩培训基地，先后接待外国专家培训学习考察10多批次。这是2013年参加国际杂交水稻技术培训班的东南亚各国学员合影。

◆从20世纪90年代种植两系法杂交稻，到后来种植超级稻和第三代杂交水稻，泉塘子农技站的高产展示现场都会迎来大量参观学习者。这是双峰县农业局组织的职业农民培训班50多人来到泉塘子参观学习，李罗斌在田间作介绍。

◆2003年12月26日，李罗斌率泉塘子农技站全站工作人员来到韶山，纪念毛泽东主席诞辰110周年，并在毛主席铜像前合影。

◆20世纪70年代初任泉塘子公社党委书记的贺碧霖、任副书记的抄正春，与李罗斌合影。

◆2008年6月5日，北京奥运会火炬接力在湖南湘潭片区传递，火炬手第一棒为世界举重冠军杨霞，第二棒为李罗斌。图为李罗斌将奥运火炬传递给第三棒湘潭市市长余爱国。

◆2002年7月，李罗斌参加由湖南省科技厅和湖南农业大学组织的赴美国考察团。图为李罗斌参观美国沙漠中的葡萄园。

◆泉塘子农技站承担袁隆平院士杂交水稻高产试验示范项目，都由湖南省科技厅或农业厅组织农业专家组成测产验收小组，进行现场测产验收，包括丈量面积、实地收割、称重、检测含水量等。图为2020年第三代杂交水稻测产时过磅称重现场。

◆1988年，李罗斌进行"多效唑"壮秧试验。图中使用"多效唑"的秧苗素质明显优
  于未使用"多效唑"的秧苗。

◆2007年6月7日，泉塘子农技站开展的"株两优211"与"湘早籼24号"熟期对比
  试验的场景。

◆2014年，湖南省农业技术推广总站发布《关于组织开展粳稻新品种试验示范的通知》，根据国家关于中粳稻生产适宜区"籼改粳"以及启动长江中下游双季稻区"早籼晚粳"的部署，要求基层农技站普遍推广。泉塘子农技站对"籼改粳"起到了重要的示范作用。

◆为使老百姓吃好，李罗斌组织农技站和农户坚持不懈地引进优质米品种进行试验。图为优质米品种对比试验场景。

◆ 发展再生稻是保障国家粮食安全，实现粮食供给侧结构调整，降成本、增效益、惠农民的重要举措。再生稻全生育期仅60天，吸附重金属能力极低，可以生产出绿色无污染特优米。湖南省开展绿色再生稻高产高效栽培试验，由袁隆平院士担任技术总顾问，技术负责人为何可佳、李罗斌。

◆ 2016年，泉塘子农技站引进适合作再生稻栽培的杂交稻组合"忠香AXh33""忠香AX374""忠香AX117"等45个品种，进行试种和比较试验。"忠香AXh33"表现最为突出，头季稻亩产达到510.6公斤，7月底成熟，再生能力强、抗性强、米质优。表现较好的还有"忠香AX480""忠香AX1673"等。2017年又引进11个品种试种，共种植200余亩。图为2017年再生稻对比试验情况。

◆1993年7月，在全省县委书记会议上，湖南省委、省政府决定在全省开展向泉塘子农技站学习的活动，授予泉塘子农技站"农业技术推广先进单位"称号，颁发铜质奖牌一枚，并奖励工作车一辆。

◆2019年9月，李罗斌荣获中共中央、国务院、中央军委颁发的"庆祝中华人民共和国成立70周年纪念章"。

◆1996年农历八月十六日，李罗斌母亲陈桂英八十寿辰，合照全家福。图中前排坐者，右三为李罗斌母亲陈桂英，右四为父亲李立秋；后排站立者，右一为李罗斌，依次为大弟李和清、李罗斌夫人谭春莲、大弟嫂*彭葵秀、二弟嫂刘桂珍、三弟嫂周小如、二弟李雨泉、三弟李信安。

---

* 弟嫂，即弟弟的媳妇，南方部分地区俗称。——编者注